24天理财精品课

决定你一生的财富

胡 瑞 ◎著

中国铁道出版社有限公司
CHINA RAILWAY PUBLISHING HOUSE CO., LTD.

内 容 简 介

如何才能快速学好理财？这是很多人做理财投资一直都在思考的问题。作者结合多年的理财实操经验发现，最快的方式还是参加系统的理财训练营。本书汇集理财实操训练营的精华内容，系统地从基础的理财观念以及记账、储蓄开始讲起，再到整体的理财框架和家庭资产配置，以及各种理财投资工具的实操，可以成功帮助读者快速地进入理财的大门。

本书适合理财小白、工薪族以及所有对理财投资感兴趣的读者阅读。

图书在版编目（CIP）数据

24天理财精品课:决定你一生的财富/胡瑞著.—北京：
中国铁道出版社有限公司，2020.11（2021.2重印）
ISBN 978-7-113-27249-4

Ⅰ.①2… Ⅱ.①胡… Ⅲ.①财务管理-通俗读物
Ⅳ.①F275-49

中国版本图书馆CIP数据核字（2020）第167567号

书　　名：**24天理财精品课：决定你一生的财富**
　　　　　24 TIAN LICAI JINGPINKE : JUEDING NI YISHENG DE CAIFU
作　　者：胡　瑞

责任编辑：张亚慧　　编辑部电话：(010)51873035　　邮箱：lampard@vip.163.com
编辑助理：张秀文
封面设计：宿　萌
责任校对：焦桂荣
责任印制：赵星辰

出版发行：中国铁道出版社有限公司（100054，北京市西城区右安门西街8号）
印　　刷：中煤（北京）印务有限公司
版　　次：2020年11月第1版　2021年2月第2次印刷
开　　本：700 mm×1 000 mm 1/16　印张：16.25　字数：264千
书　　号：ISBN 978-7-113-27249-4
定　　价：59.00元

前　言 。———————————————————————

多年前我开始接触理财时，发现身边太多人对理财存在误解，甚至到现在依然有人觉得理财是骗人的。我也经常看到一些人盲目投资亏得血本无归，比如虚拟货币炒作、二元期权骗术、网贷爆雷等。追本溯源都是由于缺乏基础的金融常识导致，因此我就想着可以做点什么来贡献一份自己的力量。

于是我开始利用空闲时间，写一些理财科普文章，并且把这些文章发到各大理财社区和互联网平台上。令我没有想到的是，经过几年的时间，我受到很多读者的认可。目前在各大平台已经有十几万粉丝持续关注我的原创理财科普内容。

慢慢地有很多人来找我咨询各种各样的理财问题，还有很多人问我怎样学习理财？甚至后来有一些网络教育平台找我合作，问我能不能制作一些系统的理财课程。为了帮助大家更加快速、系统地学好理财，我开始制作网络视频课程。经过一年多的时间，制作了两套视频课程《21天轻松告别月光族》和《理财小白入门必修课》。视频课程更新完之后，有很多学员参加了学习。其中一些学员反馈，听课的时候，感觉能够理解，但是到了实际运用的时候，就不知道该如何操作了。

于是我意识到，只是讲理论知识还不行，为了解决大家实操中存在的问题，我想到了做理财实操训练营。于是将自己制作的两套视频课程的内容再一次整理、完善、优化，最后打磨成了"24天的理财实操训练营"。理财实操训练营不仅教给学员理财知识，还会给学员布置实操作业，让学员在学习知识的同时，立刻开始实操，并且通过实操，真正地将理论知识吸收、内化，变成自己可以掌握的知识。

在我写这本书的时候，已经做了十多期训练营了，并且每一期认真按照要求完成学习和实操作业的学员，都反馈说自己的收获很大，还有很多学员将课程推荐给了朋友，以此表示对训练营的肯定。

　　既然训练营效果不错，那么我想是不是可以把训练营的内容再一次整理、总结，写成一本书。这样，大家随时都可以进行学习，因为不是每一个人都有时间参加系统的理财实操训练营。

　　上述就是我写这本书的原因。接下来说说本书包含哪些内容。

　　第一部分是在没有钱的时候，该如何理财。很多人不知道怎么开始理财，还有人觉得自己没有钱去理财。其实理财不一定要有本钱，在什么都没有的时候，也可以开始理财。可以坚持记账，坚持储蓄，不断地提升自己的收入，合理开支，还可以投资自己，多学习一些赚钱的技能，等等。具体怎样增加自己的收入，如何控制自己的开支，如何做好储蓄等，会在这部分中有详细讲解。

　　第二部分是家庭资产配置问题，即有了一定的资产之后，该如何配置财富。个人和家庭理财需要考虑哪些方面的问题，常见的理财工具都有哪些特性，以及该如何做好个人和家庭的资产配置等，会在这部分中有详细讲解。

　　第三部分是理财投资实操。理财投资的工具有很多，但并不是每一种都适合大多数人。我会在众多的金融工具中挑选一些适合普通大众的投资工具做详细的讲解，并且带着大家去做实操。经过这部分内容的学习，大家掌握一些常用工具的使用方法，比如指数基金、主动管理型基金、场内封闭式基金、可转债等。

　　理财是一门实操性很强的学科，如果只是看书，了解理论知识，而不去动手实操，那么是很难掌握理财这项技能的。所以，我强烈建议阅读本书的读者，在学习书中知识的同时，还要动手去完成我留给大家的实操作业。这样读者在看完本书之后，才能真正地有所收获，快速进入理财的大门。

胡　瑞

2020 年 8 月

| 目 录 |

第一篇　理财基础知识

第二篇　有钱之后，如何做好家庭资产配置

第一篇
理财基础知识

第一天

与理财有关的基础知识
（1）

————○————————————○————

主要内容包括：

➤　一、我们为什么要理财

➤　二、到底什么是理财

➤　三、从现在起开始记账和储蓄

一、我们为什么要理财

今天是我们开始学习理财的第一天。既然是学习理财，首先要弄清楚，为什么要理财？理财到底有什么好处？如果我们对此没有弄清楚，那么肯定做不好理财。所以第一次课，要来说说我们为什么要理财？

有的人说："我不理财，生活也过得挺好的呀。"的确，我身边就有很多年轻的朋友，他们赚多少钱，花多少钱，身着名牌衣服、背着名牌包包，经常出入高档餐厅，随时来一场说走就走的旅行，看上去生活过得挺滋润。但是，大家有没有想过，这样的好生活能够一直持续下去吗？

我给大家举两个例子：一个是 NBA 前球星艾弗森，他是我非常喜欢的一位篮球明星。艾弗森在整个职业生涯中赚到了 1.5 亿美元（约相当于 10 亿元人民币）。但是，当他没有了收入之后，也就是他刚刚退役没几年，就传出了破产的新闻。后来又有人出来辟谣说没有破产，还有一些投资的收入。我们不去纠结他到底有没有破产，但至少可以从这些报道中看出，当他的收入中断了之后，他的生活受到了很大的影响。

另一个是比艾弗森还要厉害的泰森，他在整个职业生涯中赚了 4 亿美元，但是在还没有退役的情况下，就已经被他挥霍一空了。

其实这样的例子还有很多，大家可以去查询一下，那些买彩票中了大奖的人，他们最后的结局往往并不好。很多人最终的生活甚至还不如中奖前过得好。

由此可见，当我们能够赚钱的时候，不理财或许还能够过上比较不错的生活，但是一旦我们赚钱能力降低或者遇到了突发的情况，那么我们的好生活就不可持续了。如果我们不理财，即使我们得到一笔巨款，也会将其挥霍一空。

对于上述例子，你可能觉得比较遥远。接下来，我们从自身的角度来说，我们为什么要理财？我整理出以下三点：

第一，收入和支出在时间上的不匹配。

第二，通货膨胀。

第三，金融骗局的不断变化。

下面进行详细讲解。首先是收入和支出在时间上的不匹配（见下图）。

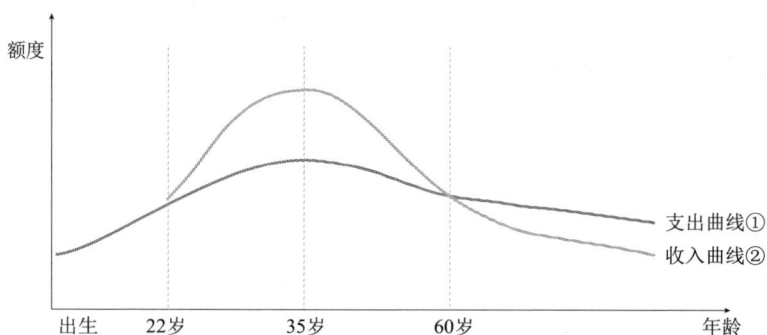

一个人从出生到去世的那一天，都在花钱。①线代表支出。但多数人都是从大学毕业之后才开始赚钱的，到退休的那一刻（假设 60 岁退休），收入就开始降低（甚至没有收入）。②线代表收入。可以看到，我们主要赚钱的时间是 22 岁到 60 岁这 30 多年的时间，而我们花钱的时间，却一直持续到我们生命的最后一刻。也就是说，我们的收入和支出是有时间差的。换句话说，如果我们没有在年轻时做好理财给自己存下足够多的资金，那么我们的老年生活可能将是没有保障的。

所以我们需要从年轻时就开始理财，只有通过理财，才能解决收入和支出在时间上不匹配的问题。

其次是通货膨胀，过去几十年，我国经济取得了长足进步，但与此同时，物价也上涨了不少。

也就是说，钱其实是在不断贬值的，如果我们一直把钱存起来，那么等到几年或十年之后再拿出来使用，钱就不值钱了，买不到那么多的东西了。这就是通货膨胀。它在不知不觉中吞噬我们已有的财富，而想要抵御通货膨胀侵蚀我们的财富，就需要学习理财知识，通过投资来实现财富保值、增值。

最后是金融骗局的不断变化。在做理财科普的过程中，经常听说有朋友上当受骗了。投资的××平台跑路了，买到的××产品亏损了，等等。我们可以不去关注理财，把自己封闭起来，但是我们不去理财和了解金融知识，不代表骗子不去学习。如果我们在原地踏步，而骗子却在不断进步，那么最后上当受骗的还是我们。

我们对未来的生活是有期待的，希望自己的生活能够越过越好，希望能够过上自己想要的生活。而美好的生活，需要一定的经济基础作为支撑。因此，需要理财并做好理财。当然，如果一个人对未来没有期待，觉得现在的日子就不错了，今朝有酒今朝醉，那么不理财也是可以的。

二、到底什么是理财

为了未来更加美好的生活，为了过上自己向往的生活，我们需要理财。那到底什么是理财呢？它包含哪些内容呢？

要说清楚什么是理财，我们就要知道哪些不是理财以及常见的理财误区。

第一，理财就是不花钱。这是一些人喜欢做的事情。他们喜欢存钱，舍不得花钱，觉得钱都应该存起来，甚至连最基本的开支都舍不得。但是他们忘了，钱是为人服务的。我们这么努力地赚钱，其实就是为了把生活越过越好。如果不花钱，那么我们的生活质量是很难提高的。因此，该花的钱还是要花。我们反对"月光"一族，但也反对"抠门"一族。

第二，理财就是炒股票。这是很多股民的想法。有的股民甚至把家里所有的钱都拿去炒股票，他们喜欢那种大起大落的感觉。但是，炒股只是投资的一个板块，属于理财的很小的一部分而已。不能用炒股来代表整个理财。

第三，理财就是买保险。这是一些保险从业者非常认同的观点，巴不得大家有钱都拿去买保险。我曾经遇到过一位朋友（他自己是保险从业者），他就几乎把家里所有的钱都拿去买保险了。但其实保险只是我们管理家庭或个人风险的一个工具，同样属于理财的一部分，并不是我们家庭和个人理财的全部。除了管理分散家庭风险，还有很多板块需要去计划和安排，比如买房、买车、投资、养老等。

第四，理财就是赚大钱。曾经有人问过我这样一个问题：有没有这样的理财项目，我给你投一万块钱，一年能够赚到 10 万块钱，我说没有，这不是理财，这是投机。以前我不明白为什么会有人去炒外汇、期货以及投资虚拟货币，遇到这位朋友之后，我终于想明白了，他们希望靠这些投机快速地赚钱，但实际上这些投机比赌博的风险还大。理财，可以让我们的财富保值、增值，但是绝不是爆发式地赚钱。理财更加看重的是长期收益，讲究细水长流。

第五，没钱，理不了财。这是我遇到的最常见的不理财的借口。经常有年轻朋友跟我说："你看，我没有钱怎么理财嘛"。其实，不是等我们有了钱才去理财，而是我们开始理财了才会有钱。做投资需要本钱，但是理财不需要本钱，没有钱同样可以开始理财。比如，在没有钱的时候，我们可以做好记账和储蓄，不断提高自己赚钱的能力。

第六，麻烦，懒得理财。正如在前面"为什么要理财"中所说的，我们可以不理财。但是，通货膨胀会让我们的钱越来越少，金融"骗局"会把我们的财富洗劫一空，我们不理财老年生活也没有保障，更不要说想过上自己向往的生活了。

第七，钱多，不需要理财。同样，在"为什么要理财"当中所举的艾弗森和泰森的例子就充分地说明，不理财，再多的钱也会被挥霍一空。

既然上述都不是真正的理财，那么到底什么是理财呢？理财是指有计划地、合理地安排自己的财务资源，以达成财务目标，让自己过上想要的生活。那么我们就顺着该定义来看看。

常见的财务目标都有哪些呢？比如我们计划买房买车，给自己准备养老金，为孩子准备教育金，财富的传承，风险的管理等，都是需要我们利用自己的财务资源去实现、去达成的目标。

有了目标之后，我们该怎样去做呢？怎样去实现这些目标呢？接下来再来看一下，理财所包含的具体内容有哪些。

首先是财富的创造。假设刚开始，我们一无所有，那么第一步，就需要我们去赚钱。如何去赚钱？怎样提高我们的赚钱能力？是靠体力赚钱吗？靠技术赚钱吗？还是靠钱赚钱呢？这些都是理财的范畴。

其次是财富积累。赚到钱之后，还要想办法把钱存下来，因为只有存下来的钱才是我们的财富。怎样存钱呢？是通过节省开支、合理消费来实现吗？还是采取强制储蓄呢？这也是理财的范畴。

然后是财富管理。当有了钱之后，怎样管理好这些钱？怎样用这些钱来实现我们的财务目标？如何让财富保值、增值？如何管理好家庭中的各种风险？我们该选择什么样的理财工具？各种工具又有什么特性？这些也都是理财的范畴。

最后是财富传承。当我们老了，将要离开这个世界的时候，怎样把我们的财富传承下去？怎样让子女也能够过上好的生活？不仅如此，我们还可以考虑，让我们的孙子那一辈也能过上好的生活。这也是理财的范畴。

所以，理财包含财富创造、财富积累、财富管理和财富传承 4 个板块的内容。想要做好这些板块的内容，还要和我们的人生和财务目标相结合，毕竟钱是为我们服务的。由此可见，理财涵盖了我们生活的方方面面，理财就是理生活，理财就是理人生。

当我们明白了什么是理财以及理财的范围之后，我们就可以开始做一些理财方面的实操了。作为一个理财小白，我们可以从记账和储蓄开始做起。

三、从现在起开始记账和储蓄

仅从理论上认识理财是不够的，本书是理财实操手册，在此要求读者行动起来，从今天开始记账和开启一个储蓄计划。可能有的读者不明白这样做的意义，下面就来讲解，为什么要记账和储蓄。

首先要明白，为什么要记账？

我在做一件事情之前，都有一个习惯，会问自己为什么要去做这件事，它有什么好处或者有什么意义。下面先讲解记账的作用和意义。先弄清楚为什么要做，然后才有坚持下去的信心。

1. 能够帮助我们厘清开支

无论我们是理财还是投资，都需要明白自己的财务状况。而我们有多少钱，欠了多少钱（专业来讲，就是我们的资产和负债情况）是很容易计算出来的。

同样，我们的收入情况也是一目了然的。但是对于自己的支出情况，大多数人是不了解的。很多人会有这样的感觉，自己没怎么花钱，钱就用光了。还有的人只知道一个大概情况："我应该是用了这么多钱吧。"有很多人（特别存不了钱的人）都不太清楚自己的开支情况。所以，在这里建议大家先开始记账，通过记账来厘清自己的开支情况。

2. 能够帮助我们存钱

说到理财，有一部分人就会说："没有钱，没法理财。"而记账就能帮助我们存钱，可能你会觉得这很神奇，但事实就是这样。当我们通过记账知道自己花了多少钱之后，就会不由自主思考：这笔钱花得值不值，这笔钱是不是浪费掉的，这笔钱是不是必须花的？如果我们不去记账，就不会这样去思考。对于这一点，是经过很多朋友亲身验证过的。曾经参加过我们理财实操训练营的学员，都有很深的感受。

当我们开始分析自己的消费和开支以后，我们再遇到类似的开支，大脑中情不自禁地就会有一个反应。我们会去判断这一笔开支是否合理，该节约的我们就能够节约下来。就这样，在不知不觉中，我们的开支就降低了。在不知不觉中，我们就会有结余了。不要觉得不可思议，记了账你就会发现，就是这么神奇。

3. 能够帮助我们找到理财的感觉

没钱的时候，对于很多的投资工具我们都无法去实际操作。更不可能像电影中演的那样，取出一大笔钱来放在家里数着玩。不过没有关系，我们可以通过记账来体验金钱流动的感觉。没钱的时候，当我们记录下每一笔开支的时候，我们就会思考：唉，这笔钱就这样花出去了（就好比我们投资亏损了）。或者当我们有了收入的时候，我们也会很开心（就好比我们赚钱了）。记账，其实就是理财。

4. 为投资打下坚实的基础

记账是要和数字打交道的。做投资也需要和数字打交道。我们记完账，每隔一段时间，都需要做一次总结，我们需要分析自己的各种财务数据。只是记账，不去总结也是不行的。同样，我们做投资也需要去分析一家或者多家公司的各种财务数据。

通过记账，我们可以弄清楚自己各种支出的比例，可以在下一个月进行调节。而投资也是如此，拿多少钱去投资，如何分配，什么时候止盈，什么时候止损，这些都需要有计划和安排。通过记账，可以先体验一下投资，为真正的实战打下坚实的基础。

5. 养成一种良好的习惯

记账，说起来是一件小事，但是能够坚持下去的人并不多。包括很多所谓的理财专家，可能连自己都没有记账的习惯。我是坚持记账的，通过记账，不但让我有了上述 4 点收获，更重要的是让我养成了记录生活的好习惯。我们理财、赚钱无非是想要更好的生活，而记账就是在记录我们的生活，让我们去思考自己的生活方式，再根据自己的想法，做适当的调整，过自己想要的生活。所以，在这里我建议大家开始记账（准确来说，应该是要求。想要做好理财，记账是必需的）。

弄清楚了记账的作用和意义之后，再来说说怎么记账的话题。

记账的方式有两种：一种是记手账，自己买一个记账本来记录；另一种是利用手机软件来记账。现在是移动互联网时代，用记账本记账，远远没有利用手机软件记账方便。现在手机记账软件有很多种类别。这里建议大家使用生活类记账软件，如挖财、随手记、口袋记账等。这 3 款软件功能差不多，读者可以根据自己的喜好来选择。

既然是实操手册，这里再讲解一下记账软件的使用。下载记账软件，进入记账页面之后，就会看到【记一笔】。点击进入，会看到"支出"和"收入"，而每一项支出，都有很多的选择，可以是餐饮、交通、购物、娱乐、医教、居家、投资、份子、生意等。这些选项还可以进行进一步细分。可见现在的记账软件，可以将账目记录得非常细致。

对于一些选项，我们可以自己添加。我每一次有收入或者开销，都会打开记账软件记录下来。现在我们基本上随时拿着手机，而记录一笔开支和收入所花费的时间，也就几秒钟。这比我们每天花在微博和朋友圈的时间少多了。

另外，记账软件还有很多其他的功能，在操作上也很简单，大家自己动手操作一下就会了。在刚开始记账的时候，不要觉得麻烦，尽量把每一笔开支都记录下来。其实记账也是有很多技巧的，不过那是我们已经能够做好理财之后的事情。刚开始，就用最笨的方式，认真记录每一笔收入和支出。

讲完了记账，再来开启一个储蓄计划。

我们这个精品课一共有 24 天的时间，在这 24 天的时间里，让我们开启一个单独的储蓄计划。这个储蓄计划和你之前已经有的储蓄计划没有冲突。你之前的储蓄计划，继续进行就好，这里是单独的储蓄计划。

计划是这样的：往后的每一天，我们都存下 100 元。当然，这只是建议的数字，收入高的，想要挑战自己的，还可以加倍，比如每天存 500 元。觉得压力大的读者，可以降低额度，每天存 10 元都可以。

可能有的读者会觉得这没有意义，不就是把自己左口袋里的钱，转到右口袋里吗？事实上不是这样的，大家通过每天去储蓄一笔资金，连续 24 天的时间，可以帮助大家养成储蓄的好习惯。特别是以前没有储蓄习惯的读者，更加应该严格要求自己，坚持储蓄 24 天的时间。当你阅读完本书之后，你就已经开始有储蓄了。如果你不去做这看似没有意义的事情，你就不会发现其中的意义。

那么，我们该使用什么工具来储蓄这笔资金呢？开启 24 天的储蓄计划，是为了帮助大家养成储蓄的习惯，不用追求高收益。所以我们可以先存在货币基金当中（货币基金，后面会讲到，现在大家知道使用就可以），比如微信的零钱通和支付宝的余额宝。大家可以坚持每天往里面存入自己设定的金额，注意是手动转入，不要设置自动转入。做理财实操的目的就是让大家养成记账和储蓄的习惯。如果你一开始就依赖软件的自动转入功能，那么对你学习理财来说并没有任何帮助。

【第一天作业】

（1）下载一个生活类的记账软件，如挖财、随手记、口袋记账等都可以。从今天开始，每天记录收入和支出；

（2）在支付宝或者微信上，开启一个单独的储蓄计划。金额自己定（注意：这个计划和你以前的计划不同，如果你有其他的储蓄计划，自己完成就可以。这里要求的是单独开启一个24天的储蓄计划，并且要求每天手动操作，不能使用自动转入功能）。

第二天

与理财有关的基础知识
（2）

———————————————————————

主要内容包括：

➤ 一、认识被动收入

➤ 二、什么是财务自由

➤ 三、正确认识财富

一、认识被动收入

昨天，我们讲了为什么要理财，什么是理财，以及其包含的内容。相信大家对理财有了一个更加清晰的认识。今天，我们要来学习一个非常重要的知识点，即被动收入。正所谓："平生不识被动收入，做完理财也是枉然。"因为，我们做理财投资，重要的目标之一就是去打造被动收入。如果连什么是被动收入都不知道，那么还理什么财呢？所以，今天就来说说被动收入。

到底什么是被动收入呢？要说清楚被动收入，我们先来看看主动收入，主动收入（也被称为劳动型收入或者工资型收入）就是指需要付出劳动才能获得的收入。比如上班赚到的工资。如果我们不去上班、不工作，这笔钱就没有了。这就是主动收入，也叫工资型收入。

被动收入也叫非工资型收入，它是指不需要花费多少时间和精力，也不需要照看，就可以自动获得的收入。乍一看，有点像不劳而获，有人会想：有这样的好事？是的。不信，我给大家举几个例子：

比如，构建金融投资组合。当然这里的投资组合，不是简单的炒股票、买基金，而是进行合理的资产配置，比如拿多少钱配置在股市中，拿多少钱投资到债券市场中，拿多少钱配置在货币市场中。还需要根据市场行情变化进行调整，组合管理得当就能够持续不断地带来收入。对于怎么去构建这个组合，在后面的内容中会讲到。也可以这样来理解：我们把钱存在银行，银行会给我们利息，这个利息是不需要我们付出劳动的，也不需要我们去时刻照看就能够得到的，这个利息就是我们的被动收入。

再比如，房屋和商铺出租，每个月都会有租金收入。这个租金，也是不需要我们付出劳动和天天去照看就能得到的，同样它也属于被动收入。还有知识产权、版税收入。我有一个高中校友，他从小就喜欢发明创造，在读高中时，就有好几项发明专利了。后来，他就用自己的发明专利创办了公司。其实他也可以把专利卖给其他公司，凡是以后公司用他的专利生产的产品，他都有提成。同样，写书也是如此，出版之后每卖出一本书，作者都会有版税收入，这也是被动收入。

最后，良好运营大型企业也可以创造被动收入。很多人都拥有自己的企业，或者有企业的股权。因为一个良好运营的企业能够持续不断地创造现金流。企业所有者可以请专业的人来管理企业，同样不需要天天去照看。

当然，还有其他的收入，比如租赁汽车、机械、物品等获得的收入，也属于被动收入。这里不再一一列举了。大家也可以发挥自己的聪明才智，去思考自己怎样打造被动收入。

被动收入都有哪些特性呢？接下来我们再来看一看，被动收入的特性。

第一，被动收入必须是可以长期持续的。被动收入和主动收入最大的区别就在于被动收入是一次付出，多次收益。所以，被动收入一定不是一次性的或者短期的收益，它是长期的、持续不断的收益。通常来说，被动收入的持续时间可以是几年、十几年甚至上百年。

第二，前期需要大量的付出。没有不劳而获的收入方式，被动收入也是如此。比如构建金融投资组合，投资的本金是需要我们付出大量的劳动才能获取的。另外，选择投资一个金融产品或者投资项目的时候，也是需要付出大量时间和精力的。再比如，我们进行发明创造、写书等活动时，在最开始，都需要花费大量的劳动、时间和精力。而创建一个良好运营的大型企业更是如此。所以，被动收入不是不劳而获，相反它比劳动型收入更加需要时间、精力、创造力和远见力。

第三，被动收入需要花时间去维护。比如，我们投资了一个项目之后，后期需要我们花时间去关注它的动态，当市场行情变化时，我们应该做出相应的调整。比如，我们出租的房屋，出现房屋漏水、电路损坏等问题，需要我们不定期维护。再比如，对于出版的书籍，也需要做宣传和推广。这些都需要花费一定的时间，只是不需要像获得劳动型收入那么辛苦。

关于被动收入，大家可以好好地思考一下，看看哪种方式是适合自己的，并且要行动起来，去打造属于自己的被动收入。了解了被动收入的概念之后，我们可以学习另外一个新的概念，即财务自由。

二、什么是财务自由

说到财务自由就忍不住想问一下，大家听过财富自由吗？其实最开始，并没有"财富自由"这个说法。"财富自由"这个词火起来跟李笑来有关系。他在"得到"上开了一个专栏，就叫"财富自由之路"。我没有去听过，但是以前听他专栏的人还不少，所以很多人就听说了"财富自由"，而不知道"财务自由"。不过，在正规理财的书籍中，用的一般都是"财务自由"。所以大家要注意：学习理财，是"财务自由"，不是"财富自由"。

那么，到底什么是财务自由呢？其实财务自由的概念很简单，它就是一个不等式，是指一个人的被动收入大于其各项开支。我们可以不用为了钱而担心，可以去做自己想要做的事情，这就是财务自由。所以，想要实现财务自由，一方面我们需要去打造被动收入；另一方面，需要我们控制好开支。

我们每个人的开支不一样，所以我们每个人对实现财务自由的要求也是不一样的。下面来看看网友总结出财务自由的八个段位。

第一段：菜场自由。就是指我们的被动收入，能让我们在菜场上根据自己的想法，随意买自己喜欢吃的菜，而不用考虑菜的价格。

第二段：饭店自由。就是指我们的被动收入，能让我们想去哪个饭店就去哪个饭店，而不用考虑饭店菜品的价格。

说到这里，有人会觉得，自己现在就能做到上述两点。但需要注意的是，这里要求用我们的被动收入来实现这样的自由，而不是靠我们的工资收入。我相信很多人达不到这一要求。

第三段：旅游自由。想去哪里旅游就去哪里，不用看旅游的价格。

第四段：汽车自由。想买什么车就买什么车，不用看车子的价格。

第五段：学校自由。给孩子选择学校不用考虑学费高低以及其他成本。

第六段：工作自由。想选择什么工作就选择什么工作，哪怕没有这个工作，自己也可以创造一个这样的岗位，而且不计较是否能赚钱。

第七段：看病自由。想去哪里看病都可以，不在乎医疗费的高低。

第八段：房子自由。想买什么房子就买什么房子，不在乎房价的高低。

当然上述划分不一定精确，但还是有一定的参考价值。它至少说明，我们的人生目标不同，实现财务自由的难度也不一样。

由此可见，财务自由取决于每个人的人生追求，并非收入高就是财务自由。如果我们的追求不高，小康生活就好，那么可能 200 万元本金所产生的收益，就能够实现财务自由。

如果人生目标很高，想要住别墅、开豪车，甚至想要私人飞机，那么可能给你几个亿，都不一定能够实现财务自由。

财务自由是很多理财人追求的一种状态，但它真的是因人而异的。所以，我们可以思考一下，看看自己想要什么样的生活。还可以计算一下，实现自己所想要的生活，需要多少被动收入。再去看看，自己现在的被动收入是多少，差距还有多少。

三、正确认识财富

如果有人问你："你觉得有钱光荣吗？"那么相信正在看理财书籍的你一定会觉得，有钱当然光荣。因为我们都是对理财感兴趣的一类人，自然会觉得有钱光荣，有钱了可以去做很多自己想要做的事情，可以不受约束。但从个人的角度来看，并不是所有人都是这样认为的，有一些人会觉得有钱并不光荣。

不过在这之前，我们要思考一个问题：钱从哪里来？钱肯定不是平白无故地产生的，它是靠我们付出劳动赚来的。当然，除劳动创造收入外，我们的资本、资源、智慧也可以创造收入。不过大部分人在最开始的时候没有资本，很多人也没有资源，所以更加适合大部分人的方法，就是靠着劳动来创造收入。假设在一个绝对公平的社会中（事实上，现在是互联时代，越来越公平，你有能力就很容易脱颖而出），我们劳动所创造的价值，其实就是我们的收入，也就是说，我们的收入就是我们劳动创造的价值的体现。我们的收入越高，说明我们创造的价值越大。

我们创造的价值并不是我们的财富，有的人收入很高，但是依然没有财富。那么我们的财富又是怎么来的呢？生活在现代社会，我们一边为他人创造价值，获得收入，一边在不断地花钱，去购买别人创造的价值。不是说一个人创造的价值越大，他的财富就越多。如果你消耗的价值比你自己创造的还要多，那么你依然没有财富。想要拥有财富，就需要我们在创造更多价值的同时，控制好自己的消耗，让消耗小于所创造的价值。

创造的价值减去所消耗的价值，就是对社会的净贡献值，而这个净贡献值就是我们的财富。换句话说，我们的财富越多，我们对社会的净贡献也就越大。

在绝对公平的社会中。事实上，现代社会还做不到绝对公平。有一些人通过不当手段来积累财富，这样的人不值得我们尊重。凡是靠着自己的劳动，通过合法手段来积累财富的人，都是值得我们尊敬的。

【第二天作业】

（1）坚持记账和储蓄；

（2）思考：你的理财目标是什么？短期目标 1~2 年，中期目标 2~5 年，长期目标 5 年以上，分别都是什么？准备如何去做？

第三天

与理财有关的基础知识
（3）

主要内容包括：

➤ 一、为什么我总是存不了钱

➤ 二、理财四部曲

➤ 三、为什么说存钱很重要

➤ 四、复利的魔力，为什么越早存钱越好

一、为什么我总是存不了钱

说到理财投资，经常会有人问："没有钱怎么理财呢？"今天，就来帮助大家解决怎么存钱的问题，而想要解决存不了钱的问题，首先要知道这个问题的根源在哪里。结合我多年做理财科普的经验来看，存不了钱，不外乎以下3个原因：

第一，没有理财和存钱意识；

第二，收入过低；

第三，开支太大。

下面一条一条地进行分析。

没有理财和存钱意识

我身边有很多年轻人，提起与理财有关的话题，他们就会很懵，不知道什么是理财。还有一些人对理财不感兴趣，用"等我有钱了，再来理财"来搪塞。其实他们不知道，不是等有了钱才来理财，而是开始理财了，才会有钱。由此可见，很多年轻人根本不了解理财。

既然不懂理财，肯定也就没有存钱的意识。他们就会觉得理财没有意义，存钱也没有意义。"我存钱来干吗呢？赚多少花多少，挺好的啊，生活过得很滋润啊。干吗让自己过得这么累？"如果有这样的想法，那么怎么可能存下钱来呢？

当然，这不能怪年轻人，很多中年人也是如此。这种情况主要是我们财商教育缺失导致的。我们在上学的时候，父母总是对我们说："钱不用担心，你好好读书就是了。"但是在一些其他国家，上大学的费用都是孩子自己准备的，有的会申请助学贷款。学生毕业后，不但要养活自己，还要还助学贷款。沉重的经济压力，让他们很早就意识到理财的重要性。

在我们身边，有不少已经毕业参加工作的大学生，每个月还从家里拿生活费。看着年迈的父母这么辛苦地赚钱，不知道他们是否忍心这么做。或许，有的家庭父母赚钱并不难，但是如果有一天父母赚不了钱了，我们该怎么办呢？那个时候再来考虑理财，是不是已经晚了呢？看到本书的读者，给自己点个赞吧，至少你们已经意识到这个问题，并且做出了行动，开始学习和改变。相信你们的未来生活一定会越来越美好。

收入过低

不管我们的收入是多少，想要在社会上生存，都会有一些固定的必要开支，比如房租、水电煤气、各种生活费用等。如果我们赚到的钱还不够我们应付基础开支，那么想要存下钱来，确实是非常困难的。所以收入过低，也是一部分人存不下钱的原因。

本书后面会有专门的章节，详细地分析提高我们收入的思路和方法。过去几年，我就是运用这些方法，让自己的收入不断提高的。我想这些方法应该可以帮助大家提高收入，至少能够给大家提高收入带来一些启发。

开支太大

前面讲到，我们在这个社会上生存，总会有一些固定的必要开支。其实，大部分人的收入能够覆盖其固定的必要开支。现代社会，很少有人连基础的温饱都不能解决，甚至活不下去。更多的问题是生活质量的高低。

根据我的观察，很多人存不了钱，并不是收入低造成的。甚至不少人，完全称得上是高收入群体，但为什么他们还是存不了钱呢？答案就是这些人的开支太大了。人的欲望是无穷的，随着我们收入的提高，我们的消费欲望也在不断地提高。以前就有朋友说，他月薪 3 000 多元的时候，钱不够花，后来月薪 6 000元刚刚够花，现在一个月 1 万~2 万元还是存不下钱。如果我们不加以控制自己的欲望，再多的钱都花得出去，收入再高，想要存钱也是不可能实现的。

我曾经看过一部专门讲亿万富豪生活的纪录片，他们"玩"的都是游艇和私人飞机，有的游艇和飞机光造价就好几亿，还不包含后期的使用成本和维护费用。

如果我们也去追求这种极致奢华的生活，那么花再多的钱都不过分。有的人不去和这些顶级富豪比，因为知道自己比不赢，却不知不觉地和身边的人比，看到朋友买了一件名牌衣服，自己也要买，朋友买了车，自己也要买，而不考虑自己的经济情况。其实，我们追求高质量的生活没错，但是要学会控制，要把开支控制在自己的收入范围之内。没有控制好自己的消费欲望，导致消费过高，也是一部分人存不下钱的原因。

你能够存钱吗？如果你存不了钱，可以思考一下，是什么原因导致自己存不了钱呢？当然，我相信肯定有这样的人，不但收入低，而且开支大。还没有理财意识。不过，没有关系，只有意识到了问题，才能解决问题。只要我们从现在开始改变，未来就会越来越好。

二、理财四部曲

找到了存不下钱的原因之后，再从整个理财的角度来讲解，为什么我们要存钱以及存钱的重要性和必要性。第一天讲到了理财的范围，包含财富创造、财富积累、财富管理和财富传承。当时讲得不够深入，今天进行深入地讲解。

首先来看财富创造。

如果我们不是含着金钥匙出生的，那么财富是需要我们自己去创造的。而财富创造给人的感觉很高大上，其实说得通俗一点，就是要赚钱。而赚钱的方式有很多，靠工资、靠技术、靠资本、靠资源等。在后面的课程中，也会讲到，怎么更加高效地赚钱。这是理财的第一步，也是存钱的第一步。

然后看财富积累。

当然，光会赚钱也是不行的，还要能够积累财富。也就是通过合理安排自己和家庭的各项开支，让我们能够有钱存下来。至于我们要怎样做才能存下钱来，后面也会详细讲到。不过大家要知道这一步是整个理财过程中的最重要的一步。如果没有储蓄，后面的各种理财安排和投资就无法开展。

再来看财富管理。

做好前面两步可以让我们创造和积累大量财富。那么有了财富之后，就可以把这些财富拿来做各种安排，可以实现我们的理想，也可以投资创造更多的财富。这些都是财富管理的内容。同样，后面的章节会讲到，我们该怎样管理个人和家庭的财富。如何实现各种理财目标，实现财富的保值、增值，这也是本书的一个重点内容。

最后看财富传承。

当我们老了，有一天终将要离开这个世界，那么怎样才能让我们的财富更好地传承下去呢？这也是理财的范畴。所以，我们终其一生都离不开理财。

三、为什么说存钱很重要

弄清楚了理财的具体内容之后，我们再来看看，为什么说存钱很重要。因为不存钱，我们便没有钱去做财富管理、去做投资、去做各种安排以及实现我们的目标和梦想，不能过上我们想要的生活。

在前面有讲到，在还没有资本和资源的时候，就只有靠我们的劳动来赚钱。但是我们仔细观察会发现，很多财富是通过资本运作，用钱和资源来获得的。所以如果我们想要拥有财富，那么通过资源和钱来赚钱是必经之路。而想要通过资源和钱来赚钱，首先我们要有钱。钱从哪里来？这就只有靠我们做好财富积累（也就是存钱）了。所以，存钱重要不重要呢？当然是非常重要的。只要我们能够存钱，我们就会有源源不断的钱来做投资。让钱生钱，把财富的雪球越滚越大。这也是在一开始就让大家记账和储蓄的原因。

如果你想要实现财务自由，那么坚持记账和储蓄吧！因为千里之行，始于足下，种一棵树最好的时间是在 10 年前，其次就是现在。

四、复利的魔力，为什么越早存钱越好

前面讲了理财四部曲，分别是财富创造、财富积累、财富管理和财富传承，还强调了存钱在整个家庭和个人理财中的重要性。下面我将告诉大家，为什么越早存钱越好。

单利和复利的差别

我们来认识一个名词：复利。简单来说，复利就是利滚利，就是利息还要产生利息。这和银行存款不同，银行存款采用的是单利。单利就是指利息不再产生利息，而只有本金产生利息。举例来说明：假设我们存银行有 10 000 元，一年有 10% 的利息。那么第一年末，有 11 000 元，第二年年末有 12 000 元。如果是复利，那么第一年同样有 11 000 元，但是第二年就是 12 100 元。这多出来的 100 元，就是利息产生的利息。当然只存 2 年这样较短的时间，单利和复利的差别不大。但是，如果将时间期限放得更长，5 年、10 年、20 年，时间越长，单利和复利的差别就越大。

一辈子追赶不上

理解了单利和复利的概念，我相信大家做投资肯定都想要复利。那么复利加上时间，可以产生多大的魔力和差距呢？早几年开始投资与晚几年投资，差距又有多大呢？下面同样用一个例子来说明。

假设有两个年轻人，一个人在 20 岁的时候就开始存钱和投资。他每个月定投 500 元的股票型基金。假设 10% 的年化收益率（对于这个收益率大家不要较真，事实上通过学习理财，你会发现是可以达到这个收益率的。这里只是作为例子来说明）定投 8 年，一共投入本金 4.8 万元，到期本金加上收益一共有 73 699.63 元。然后他就不再投资了，让这笔钱继续按照 10% 的收益率增长，等到 32 年后，也

就是在他 60 岁的时候，账户里面一共有 155 万多元。

另一个人，是从 28 岁才开始投资的。同样也是每个月定投 500 元，也是 10% 的年化收益率，他一共坚持投资了 32 年，在他 60 岁的时候，一共投资了 19.2 万元，到期之后，算上本金和利息账户里面只有 140 万元。

可以看出，同样的投资收益率，同样的每月定投 500 元，就是因为晚投资了 8 年，却需要用一生的时间去追赶，而且还赶不上。所以，越早开始投资越好。如果我们在最开始就没能存下钱，那么也就没有钱来投资了，我们和别人的差距就会越来越大。由此可见，存钱真的非常重要。

另外，对于上述例子，它仅仅只是一个例子，用来说明早投资 8 年和晚投资 8 年的差距。这个例子是假设的，大家不用去纠结数据，比如为什么是 10% 的收益率。这些并不重要，重要的是，大家要知道晚投资没有早投资好。

失去很多机会

除了存钱和不存钱在复利投资上的差距，如果我们不存钱，没有本金，那么我们还会失去更多的机会。

有时候即使我们发现了机会，但是因为我们没有本金，也就不能抓住机会。一个人的成长也是这样，因为没有存钱，没有经济支撑，即使有一些很好的学习机会，我们也不得不放弃。这样一点一点地长期积累下来，小差距慢慢就变成巨大的差距。

其实在个人能力上，人和人的差距，最开始都是微小的。但是，如果你每一步都差别人一点儿，长期积累下来，结合前面所说的复利效应，差别就会很大了。人生也是有复利的，如果我们不去改变，那么差距只会越来越大。

今天主要讲了存钱的重要性，让大家明白早存钱的必要性。希望每一位阅读本书的读者都能够从现在开始，养成储蓄的好习惯，并且长期坚持下去。

【第三天作业】

（1）坚持记账和储蓄；

（2）你存钱了吗？如果没有，那么找到没能存钱的原因，并且做出调整。如果能够存钱，看看是否可以优化？

（3）这三天我们讲的是理财观念，学完三天的课程，你的收获是什么？总结这三天以来你的收获。

第四天

如何提高收入，更加高效地赚钱

主要内容包括：

➤　一、投资自己就是最好的投资

➤　二、赚钱的三个层次

➤　三、提高收入的三个维度

一、投资自己就是最好的投资

想要存钱，首先要学会赚钱。其实，大家都想要赚很多钱。而对大多数普通人来说，一没有本钱，二没有资源，赚大钱的机会不多。虽然短期来说，好的赚钱机会没有，但是从长期来看，有一个投资是确定能够帮助我们赚大钱的，而且是大赚特赚的。那就是投资我们自己。

试想，人这一辈子要赚多少钱？如果我们的赚钱能力可以提升一点，每个月多赚一点点钱，那么几十年下来就是一笔不小的数目。关键是，我们的赚钱能力是可以无限延伸的，不是提升了之后就不能再提高了。

"万事开头难。"在我们的能力还不够的时候，是我们追着钱跑，但是当我们的综合能力达到一定的程度之后，就是钱来追着我们跑了，我们根本不愁赚不到钱。赚钱能力也是符合复利曲线的，前期需要慢慢积累，而当达到了一个爆发点之后，就会直线上涨。

所以，在我们赚钱能力还比较差的时候，在我们没有钱的时候，投资我们自己就是最好的投资。在我看来，在任何时候，投资自己都是最好的投资。不为其他，只为遇到更好的自己。那么，该从哪些方面来投资自己呢？

投资健康

有些有钱的人，拿着很多的钱，有的时候却挽救不了自己的生命。而生命的活力源自健康的身体，所以一个健康的身体是无价的。其实在我们懂事之后，就应该持续地投资健康。根据统计显示，巴菲特在年轻的时候，积累的财富并不多，他的大量财富都是在他 60 岁之后才赚到的。可见，健康的身体是我们长期投资的本钱，也是我们人生的本钱。投资健康，需要我们养成良好的生活习惯，不抽烟、少喝酒，保持规律的作息时间、合理的饮食和适当的锻炼。这些并不难做到。

有了一个健康的身体，哪怕你没有技能，只要你愿意付出体力劳动，那么在当今社会，养活自己是没有问题的。

投资大脑

有了一个健康的身体，靠着体力劳动养活自己没有问题，但仅仅做好这一点是不够的。想要改变，就必须要改变我们的思维。在《富爸爸穷爸爸》一书中，可以到两种完全不同的思维模式，一个是富爸爸的思维，一个是穷爸爸的思维（推荐大家去看看《富爸爸穷爸爸》这本书），而正是不同的思维模式，造成了他们的贫富差距。因此想要改变自己赚钱少的状态，投资大脑是最关键的一步。

投资大脑，可以让我们更加明白事理，更加有智慧，有更高的格局和眼界。那么如何投资大脑呢？两个字：学习。不要找借口说自己忙，现代社会大家都很忙。时间就像挤牙膏，挤挤总会有的。在现代社会，有很多学习的机会，我们完全可以利用各种资源自学。比如：公立图书馆就是一个很不错的资源，花几十元钱办一张借阅卡，所有的书都可以借来看，还有各种书店也可以供人们看书、学习。

现在网络上也有很多免费的微课、电子书、有声书等，这些都可以供我们学习。有的人总是说自己收入低，赚不到钱，他们是否问过自己：有多久没有学习新的知识了？前面讲到，我们的收入是我们创造的价值的体现。如果我们的思维和能力都没有提升，那么收入怎么可能会有提升？所以，不要去抱怨自己的收入低，从现在开始养成持续学习的好习惯，才能不断地进步。当我们的综合能力提升了，收入自然也会提高。

投资技能

有了足够多的知识积累之后，我们会发现，我们的大脑越来越灵活，身边可以利用的资源越来越多。因为我们的眼界和格局提高了之后，我们会看到以前看不到的资源和赚钱之道。但是知识再多，格局和眼界再高，如果不能产生生产力也是白搭。而想要把知识转换为生产力，还需要一个支点。

这个支点就是我们的专业技能。有了专业技能，有了一技之长，我们的知识和智慧才有发挥的平台。所以我们在投资自己的时候，也可以花时间去打造一技之长。可以是自己研究摸索，也可以报名参加一些兴趣社群，或者直接交费去参加培训课程。从我自己的经历来看，参加专业的培训课程，是比较快速的打造专业技能的方法。有老师带领，我们会少走很多弯路，但前提是要找专业的培训老师或者机构。

二、赚钱的三个层次

为什么有的人赚钱很轻松，而有的人赚钱却很困难？当我们明白了赚钱的层次之后，我们就知道其中的原因了。

我是一个比较懒的人，当然不是"傻懒"，而是想办法，用最轻松的方法实现自己想要的目标。赚钱也是如此，我经常思考，如何更加轻松地赚钱？为了弄清楚这个问题，我特意研究了普通人、中产阶层和富人的赚钱方式。看看他们都是怎样赚钱的。

普通人怎么赚钱？

普通人通常几乎没有任何资产，也没有技术。赚钱方式就只有依靠体力劳动。在重庆有一种特殊的职业——棒棒（手拿竹棒的搬运工，因为手中随时都拿着竹棒，所以重庆人就叫他们棒棒）。棒棒是典型的靠体力来赚钱的工作者，重庆山高路不平，再加上又是一个水码头，有很多的货物需要搬运，所以棒棒们的工作很辛苦，扛着很重的货物，爬坡上坎，在山城中穿梭。通常，他们的皮肤晒得黑黑的，看上去也很强壮，但是他们不能生病，因为一旦生病就没有力气搬运货物了。随着现代技术和交通的发展，棒棒也在慢慢地消失。靠体力赚钱的棒棒，不但收入低，还随时有被取代的可能性。

我也曾从事过类似的职业。那是在大学期间，我在校外做婚礼场地布置的兼职工作，有时需要做一些搬运道具、安装道具的体力活。而我的父母都是农民，他们基本上也是靠体力劳动来赚钱。所以我对于靠体力劳动赚钱的方式是有深刻体会的。靠体力赚钱，不但赚钱少，而且很辛苦，容易被替代。

中产阶层怎么赚钱？

哪些人可以算是中产阶层？我觉得有一技之长的通常可以称为"中产"，如医生、教师、律师等。现在回想起来，在我高考填志愿的时候，父母一直想让我在这3种专业中选择一种。他们常说，自己是吃了没有文化的亏，其实在我看来，是吃了没有一技之长的亏。

中产阶层往往有自己的一技之长，工作相对轻松很多，收入比较稳定，社会地位也大大提高，受人尊敬。在我身边有很多中产人士，他们有自己的一技之长，生活过得挺滋润的。虽然谈不上大富大贵，但也小富则安。而这些都是他们的技能带给他们的。

富人怎么赚钱？

通常，富人都是有资产并且有资源的。比如某人家里有钱，有原始资金给他做投资，当然也是因为家里有钱，给他带来了很多的社会资源。于是他把钱投到某项目里，据说有的项目很快就有5倍的回报率，这赚钱速度和轻松程度都是"杠杠的"。虽然后来有可能出现投资亏损，但不可否认的是，其赚钱能力是我们普通人很难达到的。

当然更多的富人不是一开始就很富有的，可能也很穷。但是他们也是靠钱、资源和智慧来赚钱的，没钱的时候他们会到银行借钱。我以前遇到过一个身价上亿的朋友，他告诉我，他曾经缺钱做生意，甚至连高利贷都借过。

富人懂得利用钱、资源和智慧来赚钱。当然，这肯定不是简单的炒股票买基金，而是打造可持续收入的现金流：可以是创建一家企业、投资一家企业，也可以是构建合理的金融投资组合。当然在刚开始构建持续收入系统时会很辛苦，比如创业阶段，但是一旦构建起来，只需要维护就可以了，富人会聘请专业人士来维护这个系统，把自己解放出来。因此富人总看起来悠闲又有钱。

最后总结一下：普通人靠体力赚钱，中产阶层靠技术赚钱，富人靠资产（钱）、资源和智慧来赚钱。一个人赚钱的方式取决于其所处的阶层。了解了收入的三个层次之后，对我们有如下帮助。

第一，思考自己的赚钱方式，看看自己的收入来自哪一个阶层，并且想办法提高自己赚钱的层次。假如现在自己一无所有，也没有关系，只要不懒，靠着体力劳动也能够养活自己，现在送外卖一个月也能收入上万元。

第二，当我们能够养活自己之后（其实大部分人养活自己是没有问题的）可以考虑去学一门技术，最好做自己喜欢的，把兴趣、爱好变成一技之长。如果能够做到靠技术赚钱，那么生活就比较舒服，有更高追求的人，要不断地积累资金和关系，并且通过不断学习来提高自己的思维和眼界，最后掌握用资金、资源和智慧赚钱的方法。

第三，我们可以一个层次一个层次地进阶，先掌握一门技术，再慢慢积累，最后达到靠钱、资源和智慧赚钱的境界。那么是不是可以跳跃，省去第二步直接进入第三步呢？答案是可以的，比如创业，如果成功就可以直接进入第三步。只是这样做风险会大很多，不过也有快速成功的可能性。我个人会选择比较稳健的方法，一步一步地去积累，这也是适合大多数人的方法。

三、提高收入的三个维度

前面讲了收入的层次，分别是靠体力赚钱，靠技术赚钱，靠钱、资源和智慧赚钱。还讲到提高自己的赚钱层次有两种方式，一种是直接创业，通过创建一个可以持续产生现金流的企业，来实现靠钱、资源和智慧赚钱的层次。但是这条路风险比较高，不适合大多数人。另一种是适合多数人，更加稳健的方式，即先打造一技之长，再慢慢地积累关系和资本，最后达到靠资本和资源以及智慧赚钱的层次。上述都是从提升赚钱的层级的角度来思考赚钱的。那么除此之外，我们还能不能从其他的角度来提高我们的收入呢？下面开始讲解今天的课程：提高收入的三个维度。

第一个维度：提高自己的单位时间价值

时间对我们每个人来说都是平等的，每个人每天都只有 24 小时。那么为什么有的人赚到的钱多，而有的人赚到的钱少呢？这就是因为，有的人的单位时间价值更加值钱。比如，一位医生和一位护士相比较，同样的工作时间，在正常情况下，肯定是医生的收入更高。甚至有时候医生的工作时间更少，但是得到的收入却更高。这是因为医生的专业性比护士的专业性更强。所以医生的单位时间创造的价值，比护士的创造的价值更高。

因此对我们来说，想要提高自己的收入，首先可以做的，就是提高自己的单位时间价值。而提高自己的单位时间价值的其中一个方法，就是做专业性更强的工作。具体该怎么做，在后面的课程中会详细讲到。这里我先给出思路，我们要先知道该往哪里走，再来看怎么走的问题。大家先记住，提高收入的第一个维度就是提高自己的单位时间价值。

第二个维度：做有积累的工作

不知道大家是否留意过，工作和工作之间，其实是有区别的。有的工作，你做了几十年，可能还是那个样子，没有一点变化，只是不断地重复劳动。甚至有的工作，在你年龄大了之后，体力跟不上了，根本就做不了了。比如传统工厂的工人，通常到 60 岁就要退休了。而对于一些对体力劳动要求比较高的工作，工人不到 60 岁，就会被要求退休。这是因为年龄大了，体力下降了，重体力的工作就做不了了。但是有的工作，员工年龄越大收入反而越高，你完全可以做到，你不想做的那一天。比如高级管理人员、医生、律师等职业就是越老越有经验，越老越吃香。

要想让我们的收入越来越高，我们可以去做那些有积累的工作，在工作中不断地积累，随着我们积累的能力增强，我们的收入也会越来越高。具体哪些是有积累的工作？我们该怎么去选择？同样在后面的课程中会详细地讲解。大家记住，提高收入的第二个方法是做有积累的工作。

第三个维度：多学习一个技能

2016 年，人工智能机器人阿尔法狗，打败了围棋世界冠军李世石。这激发了人们对人工智能的讨论，很多人都在担心自己的工作会被人工智能机器人取代。

哪些行业是人工智能最容易取代的？很明显，就是那些简单重复，没有太多技术含量的工作。如果我们做的是一件综合性比较强的工作，那么至少目前来看，人工智能是很难取代的。

如果我们总是守着自己的"一亩三分地"不求进取，那么很可能慢慢地，我们就会被人工智能机器人取代，被社会淘汰。所以我们除了做好自己擅长的领域，还应该多学习一些技能，打造多维竞争力。

拿我自己来说，我的本职工作是理财师，同时我还有婚礼主持的技能。于是我就把这两个技能结合起来，做了一个名为"胡瑞微讲堂"的理财自媒体，专门科普理财知识。我比传统的专门做理财的理财师和只是做主持的主持人，都更加有竞争力。而竞争力提高了之后，收入自然也就提高了。对于如何打造自己的新技能，同样在后面的课程中会详细地讲解。

今天讲解了提高收入的三个维度，大家可以据此思考自己现在的工作。在明天的课程中会详细地讲到，具体该怎么做，以及如何一步一步提高自己的收入。

【第四天作业】

（1）坚持记账和储蓄；

（2）你现在靠什么赚钱？结合今天的课程内容，思考自己的赚钱方式，找到适合自己的提高收入的方法（或者说，对于提高收入，学完今天的课程，你有什么新的想法和计划）。

第五天

如何提高价值，打造一技之长

主要内容包括：

➤ 一、如何提高单位时间价值

➤ 二、选择有积累的工作

➤ 三、多学习一个技能，打造多维竞争力

一、如何提高单位时间价值

今天，我们先来聊聊怎样提高自己的单位时间价值。在前面的课程中讲到，医生和护士的单位时间价值是不一样的，因为医生的专业性要求更高，所以其收入肯定会高一些。

因此，要想提高自己的单位时间价值，首先我们可以做的，就是提高自己的专业技能。怎样提高自己的专业技能呢？答案还是两个字：学习。我为什么总是强调学习和提高自己的能力呢？这是因为只有通过不断学习，才能提高我们的思维和格局，才能提高我们的专业技能。

当然，学习也是要有一定方法的。首先，最好的方法就是理论联系实际。从学习理财的角度来说，我们不能只看理财书籍，或者只学习理财课程，而是需要去实操，把我们学习的知识运用起来。你看再多的书，听再多的课，如果不去实践，那么也是学不好理财的。这也是我每天给大家留实操作业的原因。当你按照书中的要求完成实操作业时，说明你掌握了这些理论知识。然后再这样坚持 24 天，就可以在不知不觉中，掌握理财实操技巧，进入理财大门了。

其次，我们还要学会在工作中学习。举一个例子，假设我现在就是一家餐厅的服务员，那么我要有意识地去关注我们的领班和其他管理者，学习他们是怎么做事的，并且要多站在他们的角度去看待问题。当我们的思维方式发生变化，我们做事的效率也会跟着发生变化时，这样，我们的单位时间价值自然就会越来越高。不愿意去学习，又想让自己的价值提高、收入提高，这是不现实的。

最后，我们还可以用分享的方式去学习。能够把知识分享出来，说明我们真的是学到手了。所以，我们还可以多给身边的朋友分享自己知道的和了解的知识。

我在一开始就建议大家在学习本书的过程中，把自己的心得体会写出来，分享给身边的朋友，也是出于这个原因。

上述是我在学习中用到的三个小技巧，这些年我就是靠这些技巧，不断学习、进步的。总之，大家要记住，只有我们不断学习，提高自己的专业技能，我们的价值才会越来越大。

另外，我们要尝试去对接身边的资源。我们掌握的资源越多，单位时间价值才会越高。

我认识一位年轻的小伙子，他刚刚踏入社会没几年，虽然没有多少本金，但是他的资源整合能力很强，他把自己所从事的那个行业资源都整合了起来。很多单位要做活动都要找到他，要通过他来整合整个行业的资源，才能去做成某件事情。在这个过程中，他的价值得到了强化和提高。所以，学习整合我们身边的资源，也是提高自我价值的方式。这个方式需要我们提高自己的人际交往能力和为人处世的能力。而这些能力的获得也需要通过前面讲到的学习来获得。所以还是要学习、学习、学习，重要的事情说三遍。

最后总结起来就是：要想提高自己的单位时间价值，要么让自己很有价值，掌握专业的技能；要么自己拥有的资源很有价值，懂得整合资源。

除此之外，我们还要懂得时间管理，更加高效地运用我们的时间，发挥时间的最大功效。要想高效运用时间，我们就要做好如下几点：

1. 合理规划时间

很多人没有时间意识，时间管理比较混乱。所以在不知不觉中，时间就被浪费掉了。其实时间和理财一样是可以去规划的。比如：我们可以在睡觉之前，花几分钟时间想想明天要做什么事情。提前做好规划，肯定能够帮助我们更高效地运用时间。所以第一步我们可以规划我们的时间（我的专业不是时间管理，建议大家去找一些时间管理方面的书来学习）。

2. 集中注意力，专注做好一件事

每天我们都有很多事情需要处理。但不是所有的事情都需要花费很多的时间和精力去做。对于不重要的事情，我们可以用碎片化时间来处理。对于非常重要

的事情，我们就要集中注意力，专心去做好。比如，当我写作的时候，我是不会做其他事情的，就专注于写作这一件事。

3. 充分利用碎片化时间

现代社会，生活节奏非常快，很多时间是碎片化的。如果我们能够合理地利用这些碎片化时间，我们的效率就会大大提高。比如，我们在开车、坐车的时候，可以听书、听课程等。再比如，我们做家务的时候，也可以同时做其他事情。

除了做好时间管理，更加高效地运用时间，我们还需要避免浪费时间。哪些事情比较浪费时间呢？

1. 替别人操心

很多人喜欢去网上围观，××明星出轨了，××明星离婚了。别人出轨、离婚关你什么事呢？你有时间去关注这些事情，却没有时间去学习，说出来谁会信呢？我们总是说自己很忙，每天却花大量的时间刷微博、朋友圈和抖音。不仅如此，有些人还去给八卦新闻做评论，而有些人去给评论做评论，甚至看新闻的人还会因为观点不合吵起来。仔细想想，做这些事情有什么意义呢？其实这些都是在浪费我们的时间。

2. 盲目跟风

除了替别人操心，有些人还喜欢随大流。看到别人做什么事情，自己也要去做，生怕落后了。比如，2015~2017年网贷比较火，很多人根本没有研究就开始盲目地跟风投资。后来很多平台倒闭了，我身边就有朋友踩了雷，亏了几十万元。再比如，公众号刚刚出来的时候非常火，很多人跟着注册了公众号，但是真正坚持更新下来的又有多少呢？其实，这样的例子还有很多，每隔一段时间就会有一阵风吹来，大多数人总是在来回地追逐，却没有找到自己真正喜欢做的事情，就这样浪费了大量的时间。因此，我们应该专注在自己喜欢的领域，而不要盲目跟风，浪费大好时间。

今天讲了提高自己单位时间的价值的方法。从两个方面来分析。首先是个人方面：通过不断学习来提高自己的专业技能，进而提高自己的单位时间价值。其次可以不断整合身边的资源，通过整合的资源来给自己赋予更多的价值。

另外，从时间管理角度来看。优化自己的时间配置，给自己做好时间规划，集中注意力专注做一件事，还可以充分利用碎片化的时间。最后，不要浪费时间，不要替别人操心，更不要盲目地随大流。

二、选择有积累的工作

在前面的课程中讲，工作和工作之间也是有差别的。对于有的工作即使我们做一辈子也没有变化，只是大量地重复劳动。甚至年龄大了之后，就不能再去工作了，但是对于有的工作反而是越老越吃香。

我们每天都在忙，忙着工作，忙着逛街，忙着刷朋友圈，却没有花时间去思考我们的工作，去区分工作和工作之间的不同。为什么有的人越到最后收入越高，而有的人年龄大了就没有人要了。下面我结合自己的例子给大家分享一下，我自己的职业规划和思考。相信会对读者有所启发。

在我进入金融行业之前，我是一名婚礼主持人。主要的工作内容就是在周末去酒店主持婚礼仪式，当然在前期准备婚礼主持的时候，也要和新人见面沟通和彩排。这份工作是从我读大学三年级的时候开始的，一直做到我写书的前两年。在很多人看来，婚礼主持多好啊，只需要上台讲几句话，就能获得不错的收入。我身边很多朋友都不理解，问我为什么放着婚礼主持不做，非要来做金融。

最主要的原因就是，我发现婚礼主持这份工作是没有积累的。我今天主持了一场婚礼，然后我又要去找下一对结婚的新人，再去主持下一场，不断地重复。除了获得收入和技能上的熟练，没有其他更多的收获。而且年龄大了之后，也就没人再找我去主持了。所以婚礼主持是一个吃青春饭的没有积累的工作。因此在前几年，我就开始想办法改变和转行，尽管做婚礼主持的收入并不低。

　　我的父母都是农村人，我小时候家庭条件并不好。所以我从小就有一个想法，就是靠自己的努力改变这一切。而现在是经济社会，想要有所改变，就要变得有钱。我从小就对钱很感兴趣，我时常想，有没有一个行业是靠钱来赚钱的？有的。这就是金融行业。当我得知金融行业可以靠钱赚钱，我就决定要进入金融行业。

　　于是我从保险代理人开始，进入金融行业，通过不断学习来提升自己的能力，成为一名理财师。在这个过程中我发现，金融行业和我以前所做的主持工作有着很大的区别。主持是一次性的，结完婚就不需要婚礼主持了，但是理财不一样，理财不是一锤子买卖，我们一辈子都需要理财，并且每一天市场行情也都在变化，特别是在市场行情不好的时候，大家更需要专业理财师的陪伴。当我们拥有了一个客户之后，后面会增加新的客户，就是两个客户，这是会慢慢叠加的。但是主持却不会积累客户，主持了一场，就清零一次，再去主持下一场，一直都是1。另外，理财行业也没有年龄限制，反而是年龄越大，经验越丰富越吃香。

　　之后我还开始了自媒体写作。因为我发现这也是一份有积累的工作。首先写作对我的成长是有帮助的，我每写一篇文章，都有一次思想上的进步和升华，而且我的每一篇文章还可以重复运用、多次运用，我写的文章越多，积累也就越多。不仅如此，做自媒体还能够吸引粉丝，我写的文章越多，能够吸引到的粉丝也会越来越多。粉丝越多，我能够做的事情也就越多，我的影响力也就越大。其实在我刚开始写公众号的时候，很多人并不理解，也不看好。但是，我知道这是一个有积累的事业，愿意一直坚持下去。事实上，现在你所看到的这本书，也是我这些年的经验总结和分享。我的这份坚持如今已经取得了一些成果，这也更加确定我曾经的选择是正确的。

　　说完我自己的故事再来总结一下，哪些工作是有积累的？除了理财师，其实医生、律师、培训师、专业管理人员等，都是有积累的工作。当然由于工作种类太多，无法一一列举，需要具体工作具体分析。通常来说，有积累的工作有如下几个特点。

（1）自己的能力能够得到长期提升。

（2）劳动成果可以积累（比如：文字、音乐、用户）。

（3）没有年龄限制。

除了寻找有积累的工作，其实对很多工作来说，可以部分转换为有积累的工作，比如通过写作和创业来增加工作的积累。

很多年前有一则新闻，内容是有一位北大毕业生去卖猪肉。前段时间，我看到一个跟踪报道，说这位卖猪肉的北大毕业生写了一本讲述卖猪肉的书。其实这就是把没有积累的工作，通过写作变成部分有积累的工作。所以，如果可以，大家都尝试开始写作吧。不仅如此，他还创办了公司，专门做猪肉的加工和销售，年销售额上亿元。这是通过创业使工作得以积累的体现。

在此想要告诉大家，我们在选择工作的时候，尽量选择那些有积累的工作。哪些工作是有积累的呢？要满足三个条件：自己的能力能够不断提升，劳动成果可以积累，以及没有年龄限制。我们都可以去分析自己现在的工作是不是有积累的，如果不是，那么可以考虑换一个有积累的工作。如果不想换工作，那么可以通过写作或者创业，让自己的工作变得可以积累。

三、多学习一个技能，打造多维竞争力

随着现代社会的快速发展，很有可能以前很适用的技能，现在已经用不上了。因此，我们需要不断地学习打造新的技能。不仅如此，现在还是一个跨行业竞争的时代。我们要想在竞争中胜出，就需要多维竞争力。什么是多维竞争力？就是我们要有多种技能，还能把它们有机地结合起来，成倍地提高我们的竞争力。

从我自己的角度来说，如果我只是做一名理财师，那么我需要和很多的理财师竞争，可能花几十年的时间积累，也不一定能做得很好。但我根本就不和他们竞争，我结合以前的主持技能，通过互联网来做理财知识的科普。这就是很多传统的理财师不能做到的事情，而且即使他们能讲，他们没有做主持的经验，讲得也没有我好。我就是靠着这样的多维竞争力，快速地在金融行业中脱颖而出的。由此可见，打造多维竞争力是我们年轻人快速成长的一条捷径。只不过打造多维竞争力也需要花大量的时间来打磨新技能。那么我一起来看看，到底该如何从零打造新技能呢？

第一步，选择自己喜欢或者擅长的事情

没有发自内心的喜欢和认可，要想去做好一件事情是很难的。所以在开始打造技能之前，我们首先应该找到自己喜欢或者擅长的事情。

我明白这个道理，是因为看了一部印度电影《三傻大闹宝莱坞》，在这里强烈推荐没有看过的读者都去看一下。这部电影告诉我们：一定要做自己喜欢和擅长的事情。强迫自己去做一些不擅长的事情是很痛苦的，并且往往到最后也做不好。很多人说自己不能坚持，做什么事情都半途而废，其中很大的一个原因就是你所做的事情不是你真正喜欢的。我自己有一个兴趣爱好——打篮球，从初中开始一直坚持到了现在，甚至不应该说是坚持。做喜欢的事情不用坚持。我们如果能够把自己的兴趣变成我们的事业，那么完全可以很轻松、快乐地赚钱，并且在这个过程中会有很大的满足感。这是一举两得的事情，我们为什么不去做呢？

如何判断自己是不是喜欢一件事呢？其实很简单，就是看做这件事能否给你带来满足感。这里的满足感是发自内心的喜欢和舒服。换句话说，就是一件事，哪怕你没有钱，你也愿意去做。就是因为做这件事本身，会让你感到很开心或者很舒服。对我来说，打篮球就是这样的。我们都可以去想想看，有没有自己真的感兴趣的事情。有人会说，"我不知道自己对什么感兴趣。"对此该怎么办呢？

1. 要多尝试

如果不知道自己喜欢什么，就多去尝试。我以前是一名婚礼主持人，但是我最开始并不知道自己喜欢做主持人，也不了解这个职业。我是在大学期间，在校外做婚庆场工的兼职工作的时候，才开始了解婚礼主持工作的。如果我不去尝试、

没有去校外做兼职，一直待在学校里面，那么我根本不会接触到婚礼主持这份工作。所以，大家一定要多尝试，各种行业都可以去试一试。在试的过程中注意观察，发现自己感兴趣和关注的点。

2. 培养兴趣

还有一些人，尝试了很多行业，但还是不知道自己喜欢哪一个行业。这时，就需要我们去培养兴趣。

很多人不知道，兴趣是可以培养的。就拿写作来说，我在上学的时候，对写作谈不上喜欢也谈不上讨厌，但是当我开始写公众号，做自媒体之后，我就刻意地培养自己的这个兴趣、爱好。我的文章得到读者认可，会让我觉得很开心。当有很多人阅读我的文章的时候，我会觉得很有成就感。这种开心和成就感，会反过来激励我去写好后面的文章。慢慢地，我就越写越多，越来越有成就感，而且自己的写作能力越来越好。最开始的时候，写几百字都很难，现在可以一口气写上千字了。我发现自己不知不觉爱上写作这种表达方式了，而写作也就成为我的兴趣和特长。

另外，还有几个小技巧可以帮助大家培养兴趣。第一，给自己所做的事情赋予一个很大的目标，比如我写作，其实我的梦想是成为作家。只要能实现这个目标，再苦再累我也愿意。第二，想象自己做成一件事情之后的满足感，用这种满足感来激励自己。我现在经常想象，有一天我去逛书店，在书店看到自己写的书摆在书架上。那种感觉让我充满动力。第三，反思一下，如果没有做好这件事，放弃了，会有什么后果。而不想这些后果发生，要做好现在的事情。通过这些小技巧，我们就能够更好地培养自己的兴趣、爱好（当你读到本书的时候，说明我已经实现这个梦想了。由此可见，这一条路是可行的）。

如果你通过上述方法还是没有找到自己感兴趣的事情，那么可以找自己擅长的事情去做。我们每个人都是独一无二的，很可能自己在某个方面会有与众不同的天赋。比如，有的人天生对色彩很敏感，有的人天生嗓音就很好。我们是不是可以在自己的天赋上多花一些心思，把天赋转换成我们的收入呢？当然与兴趣、爱好一样，天赋也是需要去发现和培养的。至于怎么去发现和培养，这里不再赘述。

找到自己喜欢和擅长的事情之后，我们还要考虑得更长远一些。从自己的多个喜欢和擅长的事情中挑选一个最适合自己的。我们还需要去思考如下问题：这个技能能够用多久？这个技能未来有发展潜力吗？它和我现在的工作和事业能够结合吗？这些都是我们在开始学习、打磨技能之前，应该首先考虑清楚的事情。

第二步，学习必要的基础知识

当我们找到自己准备打造的新技能之后，接下来就是怎么去打造的问题。其实无论是什么技能，都会有一些入门基础知识，这些基础知识是我们必须要掌握的。所以，打造新技能的第二步，就是学习这项技能的基础知识。

这里有一个小窍门，就是要找到适合自己的学习方式。有的人喜欢看书，有的人喜欢听音频学习，有的人喜欢参加培训班学习。这些方法都可以，选择适合自己的学习方式才能够帮助我们快速入门。

从我自己打造主持技能的经历来说，当时综合考虑了之后，决定花钱参加主持人培训班。因为主持是一门实操性很强的技能，可能看很多本书，都不如拿着话筒多练习几次。事实证明，我当时的选择是对的，去参加培训班不但帮助我快速入门，还给我带来了很多的资源，帮助我快速地进入主持的圈子。

后来我在打造理财技能的时候，就将多种方式结合起来。一边看书学习，一边进入金融公司实践，还参加了专门的培训班，考取相关的专业资格证书等。

第三步，刻意练习

掌握了入门的基础知识之后，可以说基本上了解和掌握了新技能，但想要靠着这个技能来赚钱，还是远远不够的，掌握基础知识只能算是入门。想要发挥出技能的优势，需要我们花时间去打磨、去做刻意的练习。马尔科姆·格拉德威尔在《异类》一书中提出了1万小时定律。也就是说，要想成为一个行业的顶级高手，至少需要1万小时的刻意练习。

结合我自己打造主持技能和理财技能的经验来说，我非常认同这个观点。我在学习主持的时候，普通话不好，平翘舌不分。于是我把所有平舌的字找出来，花大量时间去背。每天早上起床都会练声（虽然现在有所懈怠，但当时我是花了很多时间去刻意练习的）。因为，只有刻意地去练习，才能巩固和掌握技能，不断地优化和提高技能。学习理财投资也是如此。2020 年是我进入金融行业的第六年，实话告诉大家，这六年的时间，我从来没有停止过学习的脚步。只有不断地学习、刻意地练习，并且不断地运用我们的技能，才会让我们的能力越来越强。

通过学习主持和理财这两个技能，我还发现其实打造技能都是相通的，都必须要经历长时间刻意练习的过程。想要掌握新的技能，又不愿意去做刻意练习，是不可能实现自己的目标的。

第四步，耐得住寂寞

现代社会发展很快，我们都想快速进步，巴不得今天投入，明天就能看到成效，但是打造一技之长是需要时间的。它是一个循序渐进的过程，不是在一开始新技能就能够给我们带来回报的。我学习主持花了半年多的时间，才有了第一次登台主持的机会。我做理财自媒体，差不多用了两年的时间才开始有一些回报。打造任何一个技能都不是一朝一夕的事情。

打造新技能的过程其实是非常难熬的，这需要我们有强大的信念来支撑。我会通过不断地给自己做心理"按摩"的方式来鼓励自己，一直在心里说："我做的事情是对的。我一定能够成功！"并且会幻想取得成功时的满足感。虽然这看起来有点儿傻，但是"亲测有效"。当然，如果我们打造的技能是自己喜欢的，就会好很多。前面讲过，在打造技能的时候，最好选择自己喜欢和擅长的事情。

如何提高价值，打造一技之长

　　无论我们是不是靠一技之长来生活，我们都可以去打造自己的一技之长。希望我自己的心得体会，能够帮助你去打造属于自己的一技之长。

【第五天作业】

（1）坚持记账和储蓄；

（2）不管你是不是靠技术赚钱，都可以成为拥有一技之长的人。你有自己的一技之长吗？如果有，那么给大家分享一下。如果没有，那么可以思考如何打造自己的一技之长。

如何做到合理消费，
降低不必要的开支

主要内容包括：

➤ 一、明白自己真正的需求

➤ 二、正确地认识消费和投资

➤ 三、降低不必要的开支

一、明白自己真正的需求

前面讲了怎么去赚钱的话题。我相信通过学习和完成实操作业，大家对于怎样提高自己的收入会有更加清晰的思路。但是理财不仅仅是赚钱，还需要我们把赚来的钱存下来。而能赚钱的人，不一定能够存钱。很多高收入的人是月光族。因此，只会赚钱还不行，还要会花钱。所以接下来讲讲怎么更加聪明地花钱。

存钱需要合理控制消费欲望

想要聪明地花钱，首先要学会合理地控制我们的欲望。我们每个人都有自己的欲望，欲望是一个中性词，可以促进我们不断进步，也可以让我们误入歧途。

我们都有随意花钱的欲望。但是如果我们不去刻意地控制我们的消费欲望，随意地花钱，即使我们的收入再高，我们也很难存下钱来。而真正的有钱人都是懂得控制自己的消费欲望的，知道什么时候该花钱，什么时候不该花钱。

那么，我们真正的需求是什么呢？每个人都应该在心里问自己。如果你想要成为巴菲特那样的人，想要实现财务自由，那么你也应该向他学习，把重心花在财富积累和投资上面，学会刻意地控制我们的消费欲望。

那些所谓的需求，或许并不是自己真正需要的

我们来看一下黑珍珠的故事。在最开始的时候，黑珍珠根本就没有人买，价格也非常便宜。后来有一位商人发现了黑珍珠，觉得可以提高它的价值。于是他找到著名的珠宝商合作，通过一系列的宣传和营销手段，成功地把黑珍珠炒火了。

就这样，黑珍珠的价格也跟着涨了起来，这位商人赚了很多钱。相同的还有钻石。钻石的成分就是碳，本质上和我们烧的碳是一样的，刚开始它也没有太大的价值。同样是一些珠宝商人，通过宣传营销，让"钻石恒久远，一颗永流传"深入人心。但对我来说，钻石根本就没有用。

再比如，父母那一代人结婚，有三大件：自行车、缝纫机和手表。我父母结婚时买的上海牌手表，现在还在老家放着，已经成为老古董了。后来我哥哥、姐姐那一代，结婚也有三大件：冰箱、电视和洗衣机。现在我们这代人结婚也有三大件：房子、车子和票子。但是，我们仔细想想，这些东西真的是我们结婚所真正需要的吗？还是大众认为，结婚就应该有这些东西呢？

结婚本来需要的是什么？两个人相互吸引，真心相爱，有共同的价值观，这才是结婚需要的东西，现在有很多人都是"裸婚"的。所谓的三大件，就是被时代、社会和大众营造出来的需求，我们都被洗脑了而已。是社会和其他大众让我们认为，这就是我们真正需要的东西，但其实并不是。因此，我们应该明白：我们现在所认为的需求，或许并不是我们真正的需求，而是被别人（企业、社会、大众）洗脑过后才产生的需求。

然后，我们再回到生活中。当我们赚钱不多的时候，我们可能还知道要节约，而当我们收入开始增加的时候，我们就会有攀比之心，×× 有了一辆车，我是不是也要买一辆？嗯，买。看到 ×× 用的奢侈品包包，我是不是也要买一个？嗯，买。就这样，在不知不觉中我们赚的钱就被花掉了。当然，不是每个人都如此，但是我们仔细回想一下，在自己身上，是不是有类似的经历？

朋友买了大房子，自己也要买；朋友买了名牌衣服，自己也要买；朋友出国旅游，自己也要去。我们甚至都没有想过，这是不是自己真正需要的。所以，没有办法控制好开支的根本原因在于：我们并没真正地弄清楚自己的需求。

如何找到自己真正的需求

既然我们现在的这些消费可能并不是我们真正的需求，那么问题就出现了，如何找到我们真正的需求呢？最关键的就是重新审视自己的价值观。因为价值观决定选择，选择决定消费。

我自己重新审视价值观的方法就是不断问自己，什么才是最重要的？比如：

买房子重要，还是买汽车重要？

去旅游重要，还是参加学习班重要？

身体健康重要？还是赚钱重要？

享受生活重要，还是投资赚钱重要？

通过这样不断地问自己，找到自己真正想要的东西。多做这类思考，不但能够帮助我们做好消费，对人生的选择也是大有帮助的。大家可以尝试一下这个方法，我就是用这个方法改变了很多的思想。

另外，我们每一次在做消费决策之前，其实都可以先问自己如下三个问题：

这笔消费自己真的需要吗？

是现在就必须要开支的吗？

还有没有其他更好的选择？

如果你能养成这样的习惯，在消费之前先问自己这三个问题，那么至少可以帮助我们避免冲动消费。当我们消费变得更加理性的时候，我们的支出自然而然地也就降低了。

二、正确地认识消费和投资

了解自己真正的需求，可以降低一些不必要的开支，如果我们还能够分辨消费和投资，把消费转换为投资，那么我们的资产的利用率会更高。

相信不少人都看过经典财商入门书《富爸爸穷爸爸》，其实这本书的核心就是一个内容：穷人在不断地消费，而富人在不断地购入资产（也就是做投资）。那么如果我们连消费和投资都不清楚，怎么可能去做好投资呢？又怎么可能管理好我们的开支呢？

投资和消费的区别是什么呢？

到底什么是投资呢？投资是把我们的钱拿去购买资产，期待未来能赚回来更多的钱。也就是说，如果我们花出去的钱在未来能够给我们带来更多的钱，那么这笔钱就是投资。

那么什么是消费呢？消费是为了满足我们的某种需求，也就是说，如果我们花出去的钱不能给我们带来更多的钱，那么这样的开支就是消费。

所以区分消费和投资很简单，关键就看花出去的钱能不能给我们带回来更多的钱。

同样一笔开支，对不同对象来说，结果可能是不同的。

这样纯理论的解释可能会比较空洞，下面用实际的例子来说明。现代社会，人们越来越重视自己的健康，有不少人会选择去健身。那么健身对我们来说是消费还是投资呢？对普通人来说，健身确实可以让我们更加健康，但是短期内健身不能直接给我带来经济收入。所以健身对大多数人来说，应该算是消费，但是对一些特殊职业的人来说，健身可以算是投资。

比如运动员和模特。运动员需要通过健身来让自己保持良好的身体状态。在运动上更加有竞争力，取得更好的成绩，成绩提高了收入自然也就提高了。对模特来说也是如此，健身可以保持一个好的身材，能够帮助模特赚到更多的钱。所以，同样的一笔开支，对不同的人来说，结果可能是完全不一样的。

类似的例子还有买车。对普通人来说，买车就是在平时上班、下班或者出去旅游时使用，这肯定算是消费。但是对汽车租赁公司的老板来说，并不一样，他们买车是用来出租的，行情好的时候，一般 2~3 年的时间就回本了。后面再租出去，就会一直赚钱了。所以对汽车租赁公司来说，买车就算是投资了。

我们懂得区分消费和投资之后，在做花钱决策的时候，就可以先思考，我们这是在消费还是在投资，如果是消费，就结合上述内容，去思考这笔开支是不是我们真正的需求。这样我们可以避免一些冲动消费，降低一些不必要的开支。如果是投资，就要去考虑它的收益率如何，多久能够收回成本，风险如何，等等。这些内容，在后面讲投资的时候，会详细地讲到。

另外，我们还要学会在消费和投资之间做一些转变。同样，举一个例子。有一对年轻的夫妻结婚，他们原本可以花 1 万元去拍一组婚纱照，但是他们没有这样做，而是花 1 万元去请一位有潜力的画家给他们画了一幅婚纱画。后来，这位画家真的出名了，而他们的画也增值了不少。如果他们把钱拿去拍婚纱照，那么是不会有增值的可能性的，拍婚纱照就是消费行为，而他们请画家来画婚纱画，会有增值的可能性，这就是一笔投资。聪明的人善于把消费变成投资。这样的例子还有很多，在此不一一列举。大家可以发挥自己的聪明才智，想办法把消费变成投资。

简单地总结一下，一笔钱花出去，能够赚回来更多的钱，就是投资。一笔钱花出去，不能够赚回更多的钱，就是消费。我们想要存钱，就要多做投资少做消费。而更加高级的玩法就是把消费变成投资。上述举了婚纱画的例子，大家在平时消费的时候，可以思考有没有其他的方式，可以把消费变成投资。

三、降低不必要的开支

想要降低不必要的开支，首先要找到那些不必要的开支。那么，哪些开支是不必要的呢？其实很简单，在前面的课程中讲到，找到自己真正的需求。我们在进行每一笔消费之前都可以先思考，这笔消费是不是我们真正的需求，如果不是，但是我们仍然消费了，那么这笔开支就是不必要的开支。

另外，凭借我们的常识也可以区分一些常见的非必要开支。比如两个年轻人出去吃饭，两个人却点了十几个菜，很明显这样的开支就是不必要的。我们也可以从以前的开支记录中找出那些不必要的开支。

找到那些不必要的开支

从课程的一开始，我就要求大家坚持记账和储蓄。这时，我们记账的作用就体现出来了。我们可以打开自己的记账软件，重新审视自己记录下的开支。现在我们可以一笔一笔地判断这些开支，哪些是必要的开支，哪些是不必要的开支。

想要找出不必要的开支，我们可以先确定哪些开支是必需的。用排除法除去必需的开支，剩余的就是不必要的开支。哪些开支是我们必须要支出的呢？正常范围内的，吃的、穿的、住的（衣食住行都是必要的开支），还有我们的家庭责任，养育孩子、赡养父母的支出等也都是必要的开支。

除基础的必要开支外，其他的开支都是不必要的开支。比如，本来可以在家里吃饭，却非要去高档餐厅吃饭。本来普通品牌的衣服就可以穿，却非要买奢侈品牌的衣服。还有的人一次买很多件衣服，但穿一两次，就不再穿了。再比如，有的人一出门就打车，而不管是不是真的赶时间。还有的人经常出去跟朋友聚会，并不是为了应酬谈生意。这些行为都会产生不必要的开支。我们想要存钱（积累财富），就需要优化这些不必要的开支，降低这部分支出。

如何降低不必要的开支

那么，问题就出现了。我们该怎么降低这些不必要的开支呢？下面分享我自己的做法，或许能够给到大家一些启发。

首先，给自己树立一个坚定的目标。我们要存钱，要告别"月光族"，要改变现状。这是我们在消费之前，就应该在大脑中植入坚定的信念。我很少乱花钱，因为我知道，钱可以帮助我赚到更多的钱，它是我的"员工"，我拥有的"员工"越多，我赚到的钱也就越多。我不能把"员工"赶走，反而要多多地招募"员工"，多多地存钱。这个目标和信念让我很少乱花钱。

其次，我们要做到足够理性，不要冲动消费。在每一次消费之前，要养成在大脑中"过一遍"的习惯。在大脑中"过一遍"是什么意思？就是在前面课程中所讲的，我们要快速思考，这个消费是不是我们真正的需求。如果是，那么可以消费；如果不是，那么我们应当放弃。我每一次有开支的时候，都会先让自己冷静一下，确定这笔开支是真的有必要的，我才会去支出。不然，我是不会支出的。甚至有时候，哪怕是必要的支出，我也会尽可能地往后推迟去消费。

最后，我们还可以刻意训练延迟消费的控制力。比如，手机用久了之后，运行速度会比较慢，我会刻意推迟购买新手机，或者单独开启一个储蓄计划，强迫自己把钱存够了，再去消费。大家不要小看这样的方式，认为很简单，如果我们经常去做类似的练习，刻意地控制消费并且养成习惯，大家就会发现，以后在面对消费的时候，自然而然地就会更加理性。

今天讲了降低不必要的开支，除不必要的开支外，还有必要开支，而必要开支其实也是可以进行优化的。下次课程就来讲讲如何优化必要开支。

【第六天作业】

（1）继续记账和储蓄；

（2）根据自己的记账数据，整理自己的支出情况，找出非必要开支。

第七天

优化固定开支，开始
有计划地储蓄

○────────────────────────────────○

主要内容包括：

➤ 一、如何优化固定开支

➤ 二、如何有计划地储蓄

一、如何优化固定开支

前面讲了支出分为非必要开支和必要开支，对于非必要开支，我们要尽量避免。除了不必要的开支，其实还有很大一部分的支出是必要的固定开支。同样这些固定开支也不是一成不变的，我们也可以对其进行优化。

想要优化固定开支，同样要用到记账的数据。没有坚持记账的同学，这些事情是做不了的，这再一次体现了记账的重要性。

有了记账的数据，除去上次课程中讲的那些不必要的开支，剩下的支出就是我们的固定开支。这里面有房租（或者房贷）、水电煤气费、交通费用、通信费用、保险费等。这些固定开支看似都是必要的，没有办法去优化。其实，我们仔细地分析，是会发现有优化的空间。举例来讲：

我以前一直使用联通的一款手机套餐，一个月有 2G 的流量。本来套餐一个月需要花费 90 多元，但是因为我流量用得比较多，每个月都要超出套餐，多用几个 G 的流量，所以每个月的话费支出基本上是 100 多元，有时候甚至是 200 多元。

以前我一直没有留意这一点，这样过了差不多一年多的时间。后来因为搬了新家要去开通家里的网络，就到联通营业厅办理相关手续。了解了之后才知道，当时已经出来新的套餐了，我现在办理的套餐，一个月只要 139 元，还可以绑定 2 个手机号，都可以无限流量，而且赠送机顶盒和无线 Wi-Fi。相当于我还是用以前的话费支出，甚至更少的支出，多得了家里的无线 Wi-Fi 和高清电视套餐。我只是换了一个套餐，一年就节约了 1 000 多元钱。

另外，一些人在不太了解的情况下，购买了保险公司的返还型保险，一年保费支出都有好几万元，有的甚至占到家庭收入的 30%，这样肯定是不合理的。其实这也是可以进行优化的，我们可以把这些贵的保险产品换成一些性价比更高的保险产品，从而降低家庭的保费支出。我曾帮助很多人优化了保险方案，购买相同的保障内容，选择不同公司的产品，这样优化下来一年甚至能够节约上万元的保费。

再比如，有一些年轻人喜欢租住大房子，是不是可以考虑找好朋友一起合租，分摊一下房租呢？还有的人租住的地方距离公司比较远，上班、下班要花很长的时间，而且每天上下班的交通费用加起来并不比房租费用的差价少。对这些人来说，是不是可以换一个房子住，搬到离公司近的地方呢？还有的人喜欢在外面吃饭，如果有时间，是不是可以自己在家做饭吃呢？所以，当我们去分析时，会发现身边有很多的固定开支都是可以优化的。当然，也要结合自己的情况，具体情况具体分析。

很多人说自己存不了钱，其实并没有花时间去分析自己的消费行为。如果我们花一些时间去分析自己的消费行为，我们就会发现，有很多地方可以进行优化。关键是我们要养成复盘消费支出的习惯。如何养成定期复盘的习惯呢？其实就是要定期地查看和分析我们的记账数据。

有的人坚持记账很久了，却发现并没有什么收获，到后来反而会觉得记账是在浪费时间。其实这是因为没有定期查看记账的数据，给自己的消费支出做复盘。只是记账，不去分析数据是没有用的。所以，想要做好记账，定期查看、分析记账数据非常重要。

除此之外，我们还要注意观察生活中消费情况的变化。这需要我们做一个热爱生活的人，要多留意身边发生的事情。如果我不去联通营业厅，我也不会知道有新的套餐，如果我不做金融行业，我也不知道保险可以有很多种选择，可以综合配置节省保险支出。有时候企业和商场会有一些促销和宣传活动。我们使用的信用卡有时也会有优惠活动。我们对此可以多留意，要善于利用这些活动，从而花更少的钱得到同样优质的商品和服务。

二、如何有计划地储蓄

储蓄对不同的人来说是完全不一样的，有的人觉得储蓄就是一件自然而然的事情，但是有的人无论如何都存不下钱。下面我们要帮助那些存不下钱的人，开始有计划地储蓄。可分为如下4步：

第一步，确定储蓄目标。储蓄可以是没有目标的，就为了存钱而存钱。但是更多的储蓄是有目标的，比如我们买房，需要准备购房首付款。比如，我们想去国外旅游，需要准备旅游基金。比如我们要给自己准备养老金，为养老而储蓄。另外，在本书的一开始，我也要求大家开启一个24天的储蓄计划，就是让大家确定储蓄目标。

不同的储蓄目标，其储蓄的方式不同。因此我们可以将目标进行分类，分为短期目标和长期目标。比如24天储蓄计划、旅游储蓄计划、置换手机储蓄计划等，这些都是短期目标。可能只需要1个月、半年或一年就可以实现。而养老金、孩子的教育金等储蓄目标则是长期目标，需要我们用5年、10年甚至更长的时间来准备。

第二步，计算需要的金额。短期目标，比如旅游基金等都比较好计算，需要多少钱，储蓄多少就可以，由于时间短没有通货膨胀的影响。但是长期目标，特别是十年以上的计划，通货膨胀的影响就很大了。我们在计算的时候，还需要把通货膨胀计算在内。在后面的课程中会讲到长期储蓄的目标金额的计算方法，这里就先不展开了。

第三步，选择对应的工具。如果是短期目标如一年以内的，我们选择货币基金就好。对于我们的24天储蓄计划，也是建议大家用货币基金。如果是1~3年的储蓄计划，建议大家选择波动较小、收益稳健的工具，比如债券基金、固定收益类产品、银行理财产品等。如果是长期目标，则考虑能够跑赢通货膨胀的工具，最好选择股票市场进行投资。比较适合的方式就是投资股票型基金。对于各种工具的介绍、选择方法和投资方法，在后续的课程中，都会详细地讲到。

第四步，坚持执行。计算好总体的目标金额，也有了储蓄的期限，我们就能够计算出每个月自己需要储蓄多少钱。当然，我们的储蓄目标也要和我们的收入相结合。如果我们计算出来，每个月需要储蓄的资金比我们每个月的收入还高，那么即使我们不吃不喝也不够存钱，这是不科学的。这时就需要我们对计划进行调整，使之与我们的收入相适宜。当然我们也要不断努力去提高自己的收入，这样我们可以开启更多的储蓄计划。

　　另外，我建议大家在拿到收入的第一时间，先完成自己的储蓄计划再去消费。不要先去消费，等消费完了之后，才想起来要存钱。因为消费往往是控制不住的，很容易到最后就没有钱存。而先储蓄，我们可以拿去消费的钱就少了，这样反而可以控制好自己的消费欲望，也更加容易去完成储蓄计划。

　　此外，执行力是非常重要的，我们的计划很完美，但如果不去执行，那么一切都等于零。不仅存钱是这样，做投资也是如此，如果不按照计划坚持执行，那么投资也是赚不到钱的。所以，在本书的一开始就要求大家坚持记账和储蓄，也是想要让大家养成储蓄的习惯。一旦习惯养成了，后面存钱就很容易了。

【第七天作业】

（1）坚持记账和储蓄；

（2）梳理自己每个月的固定开支，并根据今天所讲的内容，分析自己的固定开支是否可以优化；

（3）做第一部分课程内容的总结，要求不少于 200 字。

本 篇 总 结

第一部分学习完了，不知道大家有没有发现，在作业当中我经常会要求大家做总结。你是否想过，我为什么要求大家做总结呢？这是因为对于很多知识（比如第一周讲到的理财基础知识），我们很容易觉得自己都知道，但是事实上我们并没有掌握。知道和掌握是两个完全不同的概念。大家既然学习理财，那么对于理财知识，不能只是知道，因为只是知道是做不好理财的。只有当我们真正地掌握了这些理财知识，我们才有可能做好理财。而检验是否真正地掌握知识，最好的方法就是定期做总结，在做总结的过程中发现问题、强化记忆。

不仅在学习知识的时候需要定期做总结，做理财也需要定期总结（复盘）。比如记账，就需要我们定期做总结。建议大家一个月总结一次，找出非必要的开支，优化固定开支。不仅如此，在做记账总结的时候，还要思考如何提高我们的收入。如果只是记账，而不去总结，是没有效果的。这也是很多人坚持记账很多年，却发现没有什么收获的原因。再比如我们给自己制定的规划，也需要定期去总结。还有我们后面做投资，也需要定期总结，通过复盘找到自己的不足，快速积累经验，才有可能在下一次投资中做得更好。因此定期总结，也是我想要让大家养成的一个好习惯。

既然我要求大家做总结，那么同样我也会在书中定期做总结，帮助大家更好地吸收书中的内容。现在我们已经完成第一部分的学习了，所以在这里，我来做第一部分的总结。

第一部分内容讲的是：没有钱的时候，我们该如何理财？这部分包含两个板块的内容，一个是与理财有关的基础知识，另一个是如何做好财富积累。

大家都想要做好理财，但是如果你连什么是理财，理财包含哪些内容都不知道，那么怎么可能做好理财呢？因此，我们用了三天的时间，讲了与理财有关的基础知识，让大家了解理财包含哪些内容，以及我们理财到底要做些什么，帮助大家找到自己的理财目标。很多人都没有接触过理财，还有一些人对理财存在认知误区。因此，我希望通过这部分内容，让大家对理财有一个更加全面的认识和了解。

当我们了解了什么是理财之后，应该知道财富积累是理财过程中非常重要的一步。因为如果没有做好财富积累，我们就没有本钱，就谈不上后续的各种理财投资的实践。财富积累（存钱）是整个家庭理财的基础。所以后面 4 天的时间，我就系统地讲解了如何做好财富积累。

我们可以将财富看作一个蓄水池里面的水。这个蓄水池有很多条流入的河流，也就是我们的各种收入。除此之外，还有很多流出去的河流，也就是各种开支。那么怎么让我们的财富，也就是蓄水池里面的水越来越多呢？答案很简单，那就是同时做好开源和节流。

做好开源，也就是要我们想办法来提高自己的收入，赚取更多的钱。这相当于把流入的河流扩宽或者新挖更多条河流。在这部分中我结合自己的经验，给大家分享了提高收入的具体方法。可以通过改变自己的赚钱方式来提高收入，靠体力赚钱的人，可以学习专业技能靠技能来赚钱，靠技术赚钱的人，可以尝试靠钱、资源和智慧来赚钱。除此之外，还可以提升自己的单位时间价值来提高收入，如更加高效地利用时间，选择做有积累的事业等。

做好节流，就是要控制好我们的开支，要降低不必要的开支，要懂得区分需要和必要，懂得区分消费和投资，学会延迟消费。除此之外，那些看似不可能降低的固定开支，其实也是有可能降低的，比如话费套餐、保费支出等。只有同时做好开源（提高收入）和节流（控制开支），才能做好财富积累。

其实第一部分的内容是整本书中最简单的内容，也是理财的基础，是理财的"地基"。我经常把理财比作建房子，想要把房子建高，地基必须要夯实。如果地基都没打牢实，那么房子是建不高的，即使建立起来了，也经不起风吹雨打。所以，这部分内容很简单，却是非常重要的。

说到理财，很多人都想到要去做各种投资，买股票、基金等。但是大家有没有想过，如果我们连财富积累这一步都没有做好，那么我们就不能存下本钱，而没有本钱，即使有再好的投资机会，我们也是把握不住的。所以，这也是我在本书的一开始就讲这些基础内容的原因。

除此之外，在本书的一开始讲解这些基础的内容还有一个目的，就是想要打磨一下大家的心性。有些人就想着赶快赚钱，希望马上就能学习到所谓的理财"干货"，然后自己就可以赚大钱。但真正的理财投资并不是这样，它不可能让我们一夜暴富，而是需要我们脚踏实地，一步一个脚印慢慢地变富。理财投资是我们一辈子都需要去做的事情，而不是一朝一夕的。

最后，可能有的读者会觉得这部分内容很简单，或者感觉自己好像都掌握了。但是，我要告诉大家，仅掌握理论知识是远远不够的，还要实践。所以，大家一定要坚持完成每天的作业，坚持记账和储蓄。坚持24天读完本书，并且按照要求完成每天的作业，那么至少你已经能够存下钱来，告别"月光族"了。

第二篇
有钱之后，如何做好家庭资产配置

第八天

厘清我们的家庭财务状况

主要内容包括：

➤ 一、厘清我们已经拥有的资产和负债

➤ 二、厘清自己的收入和支出情况

➤ 三、定期总结和整理，对财务比率进行分析

一、厘清我们已经拥有的资产和负债

学完第一部分内容，大家应该对理财和投资的基础概念非常了解了。如果我们动手实操，开始记账和储蓄，相信大家一定是可以存下来钱的。有了本金，就可以做各种理财和投资了。

不过，在这之前，我们还需要弄清楚自己有多少钱，厘清自己的财务状况。如果我们连自己每个月赚多少钱、花多少钱都不清楚，那么怎么能够做好理财呢？先让我们来厘清自己已经拥有的资产和负债。

想要厘清我们已经拥有的资产和负债，首先要知道什么是资产，什么是负债。其实，资产和负债的定义并不难。我们拥有的东西，就是我们的资产。我们向别人借来的东西，就是我们的负债。

除此之外，还有一个对资产和负债的解释。罗伯特·清崎在《富爸爸穷爸爸》一书中，重新定义了资产和负债：凡是把钱从我们口袋拿出去的东西，就是负债，而不断把钱放进我们口袋的东西，就是资产。按照这个定义来看，我们买的房子就有可能是负债，也有可能是资产。比如我们按揭购买了一套房子，如果房子的租金大于银行的按揭贷款，那么这套房子就是资产。反之，如果房子的租金小于按揭贷款，也就是我们每个月还要倒贴钱，那么房子就是负债。当然这只是对资产和负债的另一个解释，我们还是以传统的方式来梳理资产和负债。

大家可以按照以下表格来梳理我们拥有的资产。

资产项目		金额(元)	备注
生息资产	现金及活期		
	定期性存款		
	股票		
	债券		
	基金		
	保险现金价值		
	实物性黄金		
	实业投资		
	房产		
	生产用车		
	私人借款		
自用资产	房产1		
	房产2		
	汽车		
	其他		
资产合计			

我们可以把资产分为生息资产和自用资产。能够为我们赚钱的，就是生息资产；我们自己使用的，不能够为我们赚钱的，就是自用资产。先来看看生息资产：

现金及活期，银行的定期存款，以及我们买的股票、债券、基金、保险的现金价值，这些是金融类生息资产。对于银行存款、股票和基金，这些资产到对应的投资软件上，都会有当时市值的显示，我们只需要统计下来，汇总一下就可以。但是对于保险的现金价值，可能有些人就不知道了。保险的现金价值，也就是我们在退保时，保险公司给我们的钱。对于现金价值的多少，可以在保险合同中的现金价值表中查看，对应到你缴费的那一年，就能查看保险的现金价值。如果实在不知道怎么操作，也可以打对应保险公司的客服电话咨询客服。

除此之外，还有实物性黄金、收藏品、实业投资、房产、生产用车等，这些是实物类的生息资产。我们在计算这些资产的价值时，要以现在的市场价值进行估算。

另外，还有一个私人借款，算是其他类的生息资产。有一段时间，民间借贷比较火爆，把钱私下借给其他的人或者企业，但是这类投资的风险比较高，因为借钱者的信用有很大的不确定性，我一般不建议大家去做这类投资。

资产整理完了，接下来再来梳理一下负债，同样按照如下表格来整理。

负债项目		金额(元)	备注
消费负债	信用卡透支		
	消费贷款		
	汽车贷款		
投资负债	房产贷款		
	生产用车贷款		
其他负债	私人贷款		
负债合计			
家庭净资产			

负债同样也可以进行分类，分为消费负债、投资负债和其他负债。比如信用卡透支、消费贷款、汽车贷款等，这些为了满足我们的消费而产生的负债，都算是消费负债。房子的按揭贷款、生产用车贷款等为了投资而产生的负债，都算是投资负债。我们找其他人借的钱就是其他负债。

那么，我们有多少钱（净资产）呢？当我们厘清自己的资产和负债之后，这个问题就很简单了。用我们的总资产减去我们的总负债，最后就得到我们的净资产，也就是我们现在真正所拥有的钱的数量。大家可以算一下自己有多少钱。我以前帮一些朋友计算过，其中有的朋友还是负资产。

另外，有两点是大家需要注意的。第一点，我们在测算实物的时候，要根据当前的市场价值进行估值。比如汽车，买的时候价格肯定高一些，但是买过来之后就开始贬值了，那么我们在计算资产的时候，就要计算当前车的评估价值。

第二点，我们的资产和负债需要定期整理，虽然它不像收入、支出那样，需要每天记账，但还是需要定期整理的，比如固定 1 个月、3 个月或者半年整理一次都可以。

参考上述方法和表格，大家可以动手梳理一下自己或者家庭的资产和负债。弄清楚自己到底有多少钱，这是我们开始理财投资实操的基础。

二、厘清自己的收入和支出情况

弄清楚我们的资产和负债，知道了自己有多少钱，只是第一步，我们还需要弄清楚自己每个月赚多少钱，花多少钱。要厘清我们的收入和支出情况，最好的方式就是记账。

在本书一开始，就讲到了记账的好处和重要性，并且建议大家下载记账软件，开始记账。如果你真的按照我说的去记账，那么此时我们记录下的数据就开始发挥作用了。

结合我们的记账数据，参考如下表格，就可以厘清我们的收入和支出情况了。

<table>
<tr><th colspan="9">家庭收支情况</th></tr>
<tr><th colspan="2">收入项目</th><th>月份(元)</th><th>年度(元)</th><th>支出项目</th><th></th><th>月份(元)</th><th>年度(元)</th></tr>
<tr><td rowspan="2">工薪收入</td><td>本人</td><td></td><td>-</td><td rowspan="8">消费支出</td><td>日常生活费</td><td></td><td>-</td></tr>
<tr><td>其他家庭成员</td><td></td><td>-</td><td>水电煤气</td><td></td><td>-</td></tr>
<tr><td rowspan="4">非工薪收入</td><td>物业出租收入</td><td></td><td>-</td><td>养车交通费</td><td></td><td>-</td></tr>
<tr><td>金融理财收入</td><td></td><td>-</td><td>子女教育费</td><td></td><td>-</td></tr>
<tr><td>实业投资分红</td><td></td><td>-</td><td>子女其他费用</td><td></td><td>-</td></tr>
<tr><td></td><td></td><td>-</td><td>通信费</td><td></td><td>-</td></tr>
<tr><td rowspan="2">其他收入</td><td>住房公积金</td><td></td><td>-</td><td>置装费用</td><td></td><td>-</td></tr>
<tr><td>其他</td><td></td><td>-</td><td>父母赡养费</td><td></td><td>-</td></tr>
<tr><td></td><td></td><td></td><td>-</td><td rowspan="5"></td><td>其他</td><td></td><td>-</td></tr>
<tr><td></td><td></td><td></td><td>-</td><td rowspan="4">理财支出</td><td>房产按揭</td><td></td><td>-</td></tr>
<tr><td></td><td></td><td></td><td>-</td><td>保险保费</td><td></td><td>-</td></tr>
<tr><td></td><td></td><td></td><td>-</td><td>实物投资</td><td></td><td>-</td></tr>
<tr><td></td><td></td><td></td><td>-</td><td>金融理财</td><td></td><td>-</td></tr>
<tr><td colspan="2">收入合计</td><td>-</td><td>-</td><td colspan="2">支出合计</td><td>-</td><td>-</td></tr>
<tr><td colspan="2">收支净额</td><td>-</td><td>-</td><td colspan="4"></td></tr>
</table>

先来看看收入。收入可以分为工薪收入、非工薪收入和其他收入。工薪收入就是我们的工资。非工薪收入有物业出租的租金收入、金融理财投资的收入和实业投资的分红收入。当然，还有其他收入，比如住房公积金、各种福利、兼职收入等。

支出也可以分为消费支出和理财支出。消费支出包括：日常生活费、水电煤气费、养车交通费、子女教育费用、通信费、装置费用、父母赡养费等。理财支出包括：房产按揭、保险保费、实物投资、金融理财等。

我们只需要按照这个表格，依次整理出各种收入和支出就好。另外，这个表格可以用来计算个人的收入和支出，也可以用来计算家人的。如果是计算家庭的，收入就以家庭为单位来做统计，同样后面的开支也是整个家庭的开支，要记得前后对应。

三、定期总结和整理，对财务比率进行分析

整理出了我们的资产负债情况和收入支出情况，那么我们如何去分析自己的财务状况呢？可以用财务比率来分析，参考如下表格。

财务比率分析表格				
指标	计算公式	理想范围	实际数值	诊断
资产负债率	负债 / 资产	<50%		
流动性比率	流动性资产 / 每月支出	3~6		
投资资产比率	投资资产 / 净资产	>50%		
财务自由度	投资收益 / 消费支出	>1		
保费支出比率	保费 / 家庭总收入	约10%		
固定资产比率	固定资产 / 总资产	<60%		
应急储备金	3~6个月生活开支			

第一个：资产负债率。用我们的总负债，除以我们的总资产，再乘以100%，就得到我们的资产负债率。前面已经厘清了自己的总资产和总负债，大家用自己家的数据计算一下，就知道自己的资产负债率到底是多少了。正常来说，控制在50%以内是比较合适的。负债率过高，就说明我们欠的钱太多，财务状况不够健康。

第二个：流动性比率。用我们的流动性资产，也就是可以快速变现且不会造成损失的资产（比如：银行活期、货币基金等），去除以我们每个月的生活开支

就得到流动性比率。这个数值最好是 300%~600%，即流动性资产是日常生活开支的 3~6 倍。如果流动性资产太少，那么可能会流动性不足，当我们遇到有突发大额开支的情况时，钱不够用。如果流动性资产太多的话，可投资资金就少了，会降低我们的投资收益率。所以，3~6 倍是一个比较好的参考区间。

第三个：投资资产比率。用我们可以用来投资的资产，除以我们的净资产，再乘以 100%，就得到投资资产比率。这个比率最好超过 50%，当然数值越大越好。这个数值越大，说明我们可以拿来投资的钱越多。

第四个：财务自由度。用我们的被动收入去除以我们的开支可以得到财务自由度。如果是用年度投资收益，就除以年度开支。如果是用每个月的投资收益，就除以每个月的开支。如果这个数字大于 1，那么说明你实现财务自由了。这也是很多理财人追求的目标。可能一些人现在算出来的数值比较小，甚至没有被动收入，不过没有关系，当我们意识到了自己的问题之后，就从现在开始，去打造自己的被动收入。这样，我们的财务自由度会逐渐提高的。当然，财务自由度自然也是越高越好，可以是 2 倍、3 倍甚至更高。

第五个：保费支出比率。用我们家庭保费的年总支出，除以我们的家庭年总收入，乘以 100% 就得到保费支出比率。该数值最好控制在 10% 以内。我在平时的工作中，发现一些家庭保费支出占比比较高，有的人甚至买了将近 20 多份保险。她说自己一有钱，就拿去买保险。其实这样的财务状况是不健康的。保险是用来管理我们可能会面对的疾病和意外的风险的，如果把太多的钱拿来买保险，那么会影响我们家庭的其他安排。

第六个：固定资产比率。用我们的固定资产（房产、汽车等）去除以我们的总资产，再乘以 100%，就得到固定资产比率。正常来说，该数值控制在 60% 以内都是很好的。我曾经帮一位朋友测算过，其固定资产比率高达 95%。这其实是有风险的一件事情。固定资产占比过高，说明我们的家庭资产的灵活性低。如果都是固定资产，特别是房产占比太高，万一房价下跌，对家庭资产来说，影响是很大的。所以，一个健康的家庭财务状况，还应该配置一定比例的金融类资产。

最后一个是应急储备金。它与前面的流动性比率是一个意思，这里不再赘述。

大家可以行动起来，拿自己家的财务数据来测算一下，再和标准值进行比较，就知道自己家目前的财务状况到底如何了。

除此之外，还有一个非常重要的比率，即结余比率，必须把它单独拿出来说一说。结余比率的计算方法很简单，就是用我们每个月的结余除以我们每个月的收入，再乘以 100%。很多人之所以存不下钱，就是因为结余比率太低。比如"月光族"，其结余比率为零。而想要让我们的资产越来越多，提高结余比率是理财的必经之路。如何提高结余比率，其实是第一部分讲到的内容，大家可以再次回顾复习一下。

学会了财务比率分析，我们可以知道自己家庭财务状况到底如何。找到了问题，才可以对症下药。同时，财务比率分析也是我们家庭理财必不可少的环节。

【第八天作业】

（1）坚持记账和储蓄；

（2）整理我们的资产负债以及收入和支出情况（利用文中表格去整理）；

（3）计算自己家的各种财务比率。

第九天

如何做好家庭资产配置

主要内容包括：

➤ 一、为什么要做资产配置

➤ 二、如何做资产配置

➤ 三、找到适合自己的资产配置方案

➤ 四、不同年龄阶段的资产配置策略

一、为什么要做资产配置

通过第一篇的学习，我们可以存下钱来，有了理财投资的本金。而通过昨天的学习，我们弄清楚了自己家庭的财务状况。有了这些基础之后，接下来我们就可以来聊聊资产配置的话题了。希望通过这部分的学习，大家都能够掌握资产配置的方法，并且找到适合自己的资产配置方案。

在做资产配置之前，我们要先明白，什么是资产配置。资产配置（也叫作投资组合理论）是美国经济学家马科维茨于 1952 年提出来的，并且在 1990 年，该理论获得了诺贝尔经济学奖。它是一种分散投资的方法。简单来说，资产配置就是把钱投资到不同类型的资产上，从而降低投资风险的一种投资方法（也就是常说的"不要把鸡蛋放在一个篮子里面"）。其实人们在更早的时候就开始运用资产配置理论了，只是那时还没有提出来而已。比如，在《塔木德》中说：三分之一投资于土地（不动产），三分之一投资于商业，三分之一作为现金备用。这就是一种资产配置。

虽然人们很早就开始做资产配置了，但是一些在投资上取得成功的人却不这样看。比如，巴菲特就曾经说过，要把鸡蛋放在一个篮子里面，然后好好地看好这个篮子。《富爸爸穷爸爸》的作者罗伯特·清崎也说，不要分散投资，要集中投资自己看好的领域。而在另一面，诺贝尔基金、耶鲁大学基金会等都采用资产配置的方式来打理资金，并且取得了长期稳定的收益。那么，对普通投资者来说，到底要不要做资产配置呢？

先不忙回答这个问题，先来看看历史数据。下图所示为上证指数的历史走势图。从该图中可以看到，股市一直处于波动当中，在 2007 年达到最高点 6 124 点，但是在后面一年的时间，直接跌到 1 666 点。如果我们把家里的钱全部投资在 A 股市场中，那么我们的家庭资产会直接亏掉一大半。

上证指数 ▼　　3332.88(+5.71%)　高 3337.27 低 3187.84 开 3187.84 换 1.80%　✕
SH000001

BOLL(20,2) UP:3519.57 MID:3053.82 LOW:2588.08　　　　　　　　　　　　　⚙
6657.97
4722.48　　　　　　　　　　　　　　　　← 6124.04　　　　　　　　　　　前复权

　　　　　　　　　　　　　　　　　　　　　　　　　　　　　　　　　　不复权
2786.99
　　　　　　　　　　　　　　　　　　　　　　　　　　　　　　　　　　后复权
851.50
　　　　　　　　　　　　　　← 978.23　　　　　　　　　　　　　　　　MA
≫
−1083.99　　　　　　　　　　　　　　　　　　　　　　　　　　　　　　BOLL
成交量　17.67亿手 MA5:106.9亿手 10:111.56亿手　　　　　　　　　　成交量
362.13亿
　　　　　　　　　　　　　　　　　　　　　　　　　　　　　　　　　　成交额
　　　　1999-09　2002-09　2005-09　2008-09　2011-09　2014-09　2017-09

分时　五日　日K　周K　月K　**季K**　年K　60分　分钟▾　　上一个　下一个

　　再来看如下表格。在这张表格中，统计的是过去十几年各种投资的表现数据。从这张表格中我们可以看出，在过去的十几年中，没有任何一个单一的投资，能够长期保持稳定的增长。更多的是，今年表现好的投资明年就表现差了。表格中的最后一栏"分散的投资组合"，从历史数据来看，它可能不是表现最好的，但长期来看却是最稳健的。

年份	亚洲股票	环球债券	环球房地产	环球商品	环球另类投资	分散的投资组合
2014	4.80%	1.66%	15.45%	−22.21%	−0.58%	−0.18%
2013	3.07%	−2.62%	3.26%	−4.49%	6.72%	1.19%
2012	22.36%	4.05%	24.43%	2.03%	3.51%	11.28%
2011	−17.31%	6.14%	−0.69%	−6.93%	−8.87%	−5.53%
2010	19.62%	5.01%	20.53%	19.01%	5.19%	13.87%
2009	72.07%	6.08%	23.52%	26.23%	13.40%	28.26%
2008	−52.38%	7.17%	−44.79%	−41.35%	−23.25%	−30.92%
2007	40.13%	9.73%	−10.42%	30.01%	4.23%	14.74%
2006	33.32%	6.75%	41.47%	3.05%	9.26%	18.77%
2005	22.69%	−4.36%	18.46%	19.55%	2.72%	11.81%

续上表

年份	亚洲股票	环球债券	环球房地产	环球商品	环球另类投资	分散的投资组合
2004	17.35%	9.69%	36.65%	20.83%	2.69%	17.42%
2003	46.55%	12.81%	37.15%	31.99%	13.38%	28.38%
2002	−8.49%	17.26%	−2.63%	34.09%	4.72%	8.99%
2001	−4.03%	2.55%	−5.71%	−18.78%	8.67%	−3.46%

再回到最开始，为什么一些投资人士支持集中投资呢？这是因为，他们有足够丰富的专业知识，能够获得超出市场的平均收益。但是，对普通投资者来说，本来就不够专业，且没有那么多时间去研究投资，那么资产配置是更加适合我们的投资方式。

其实，如果我们从更大的范围来看，每个人都会做资产配置，只是怎么去配置的问题。比如大部分人会买房，而买房和做金融投资就是一个资产配置。另外，即使投资大师也会留有足够多的补仓资金，这样在市场波动的时候，才能够有更大的操作空间。所以，他们也在投资和灵活资金之间做了资产配置。由此可见，资产配置人人需要，所谓的集中投资，只是相对的而已。

二、如何做资产配置

了解了为什么要做资产配置，接下来我们再来看看，如何做资产配置。其实，做好资产配置的核心在于两个字：分散。既然要分散，我们就要知道各种投资标的的相关性。同时投资，相关性越低的标的（也就是标的 A 价格的涨跌，对标的 B 价格的涨跌影响越小）越分散。那么，我们该如何确定投资标的的相关性呢？

大家可以从两个方面来考虑，一个是不同市场，另一个是不同工具（产品）。投资的市场不同，相关性肯定不高；投资的工具不同，相关性肯定也没有那么高。

先来看看可以投资的市场都有哪些。根据地域来划分，可以分为美洲市场、欧洲市场和亚洲市场。众所周知，每一个地区和国家都是相对独立和不同的。

比如，过去的 30 年，中国一直是高速发展，但是其他国家却没有这么高的发展速度。如果我们在过去的 30 年投资中国，那么是不是会有很大机会呢？同样，现在中国的经济增速放缓，但是一些东南亚国家的经济增速却在增加，那么是不是可以配置一些东南亚的投资呢？

因此，我们在做资产配置的时候，就可以把资金配置到不同地区的标的当中。这样，在这个地区经济发展可能不行，但是在其他地区经济发展却很快。这样配置就能够稳定收益、降低风险。上述是按照不同的大洲和国家或地区来划分的，其实还可以再分得小一些，在一个国家里也可以分为不同的区域，比如：可以分为西南地区和东北地区，而不同区域经济发展不同，投资价值也不同。

下面再分析不同的工具。不同的投资工具，相关性也是不一样的。比如，房地产和黄金是不一样的，股票和债券是不一样的，信托和石油是不一样的，收藏品和外汇投资也是不一样的。下图所示为常见的理财投资工具，后面也会对各种工具的特性进行介绍。

常见的理财投资工具

私募　公募基金　宝宝货基　黄金　保险　期货　银行存款　基金　企业债券　国债　股票　银行理财　家族信托　外汇　信托理财

需要注意的是，有的投资工具可能和其他的投资工具有交叉。比如基金这个工具，就有可能和其他的工具交叉，因为基金可以投资的范围太广泛了，可以是股票市场，可以是债券市场，也可以是货币市场。那么我们做配置的时候就要注意区分基金的种类。如果我们配置了大量的股票型基金,就少配置股票,因为股票基金已经帮我们配置了股票资产。另外,对一个投资工具也可以细分,比如基金可以分为股票基金、债券基金和货币基金。同样股票也可以分为不同行业和不同规模的股票。这些都是我们在做资产配置时应该注意的细节。

想要做好资产配置,除了需要把我们的资产分散到不同市场、不同的工具中,还需要考虑我们自己的需求。比如,有一笔钱是我们短期要使用的,那么选择的配置工具就应是适合短期投资的。如果我们要做中长期投资,那么我们选择的投资工具也应适合中长期投资。

另外,做资产配置,还要考虑不同的年龄层次。比如,年轻的时候,压力不大,风险承受能力高,那么我们做资产配置时,就可以偏向高风险的投资。而年龄大了之后,风险承受能力下降,那么我们在做资产配置时需要偏向于稳健一些的投资工具。

对不同风险偏好的人,所做的资产配置方案也是不一样的。有的人天生喜欢高风险,喜欢那种波动大、收益高的投资标的,那么他在做配置时就偏向于波动大、收益高的投资。而有的人天生胆子比较小,害怕风险,那么他在做资产配置时就会选择风险低、收益稳健的投资。所以,资产配置方案也是因人而异的。

三、找到适合自己的资产配置方案

资产配置方案是因人而异的。因此,在做资产配置之前,我们首先要弄清楚自己的财务情况。前一天的内容非常重要,我们要知道自己有多少钱,负债是多少,还要知道自己的需求,我们是追求收益,还是追求稳健?这些都是我们在做资产配置之前就应该想清楚的问题。如果你自己都不知道想要去哪里,那么怎么给自己设计线路呢?

当然,别人无法知道你的所有想法和需求。所以在此讲一个比较大众化的情况,大家可以拿来作为参考。那么对普通大众来说,如何做资产配置呢?

第一部分，我们要给自己留有足够多的灵活资金。一般来说灵活资金是家庭月支出的 3~6 倍。对这部分钱该怎样安排，后面会详细地讲到。这里先学习家庭资产配置的大框架和思路。

第二部分是风险管理。每个家庭成员都有疾病和意外的风险。普通的感冒倒是很好治疗，最担心的就是患有重大疾病。很多家庭还会有房贷、车贷等负债，万一家庭的主要经济来源出现重大变故，那么对家庭来说打击是很大的。因此，我们需要留出一部分资金来规避这方面的风险。但是，大家也不要把太多的钱拿来规避这些风险，否则会降低家庭资产的投资收益率。一般来说，用家庭年收入的 10% 来做好家庭的风险管理就可以。

第三部分是长期投资安排。比如我们的养老金储备、孩子的教育金准备等。这部分钱是未来十几年甚至几十年需要的大额支出。投资的时间很长，同时也不能承受太大的风险。所以这部分需要我们配置长期稳健投资，这里的长期是指 10 年以上的投资。当然其占比的多少，要根据自身家庭情况来看。有的占收入的 20%，有的可能是结余的 50%。需要具体情况具体分析。

第四部分是中短期投资。比如有的人喜欢炒股票，想要有一笔钱拿在手中，根据市场行情去做投资。还有的人喜欢做其他的另类投资，比如做文玩、收藏品投资等，这些都是可以的。

第五部分是高风险的金融衍生品工具，比如期货、外汇等类型的投资，风险就比较高。一般不建议普通投资者去配置。这些投资工具适合专业人士操作。

第六部分就是创业或者投资实体企业。创业能够带来巨大的收益，但风险也是巨大的。一旦失败不但会亏钱还会浪费我们的大量时间和精力，对我们精神上的打击也是非常大的。尽管如此还是鼓励创业，只是建议大家先做好基础的资产配置。这样即使创业失败了，对家庭来说，也是没有什么影响。

这里为大家整理了六部分的资产配置，但是不是每个家庭都一定要有这六部分的资产配置呢？这同样是个性化的，比如有的家庭很有钱，有足够多的资金应付各种家庭风险，不去做风险管理也是可以的。还有的家庭风险承受能力很低，不去做高风险的投资，也是可以的。大家可以根据自己的情况去做选择性的配置。

最后，针对如下两种情况，举例来讲解一下资产配置。需要注意的是，只是作为参考，这个配置不一定适合你。

第一种稳健的投资者。首先预留足够多的活动资金，然后给家人配置充足的保障。再就是做好长期投资的资产安排，给自己准备充足的养老金，给孩子准备足够多的教育金。用极少部分的钱，去做一些中短期高风险的投资。也可以不做中短期高风险的投资，只投资一些低风险的产品，比如债券基金等，保证资金的灵活性就可以。

第二种偏向追求较高收益的投资者。首先预留足够多的活动资金。无论追求何种投资收益，活动资金都是要预留出来的。不然你投资做得再好，出现突发情况要花钱，没有钱用就尴尬了。另外就是配置保障，返还型的保险收益低，可以配置消费型的定期保险。长期资金安排，还是建议留一些。剩余的大部分资金，可以投资在自己擅长和看好的工具中。比如有的人在投资股票方面有心得，那么多配置一些资金在股市中也是可以的。

上述只是很多种资产配置方案中的两个例子，而且没有去具体化，因为没有具体的数据。真正的家庭资产配置方案，需要结合自己的情况来做。再次强调：每个人的资产配置方案都是不一样的。

四、不同年龄阶段的资产配置策略

通常来说，一个人的一生可以分为如下几个阶段。

学生时期：从出生到大学毕业之前。这段时间，我们都是在不断地学习、成长，没有收入，靠父母在经济上支持我们。这时，我们不用考虑理财投资和资产配置的问题。

家庭形成期：从开始工作到我们成家且有了孩子的这段时间。我们需要积累本金，做好开源、节流。从年龄上来说，风险承受能力较强，可以适当配置一些高风险的投资工具。

家庭成长期：从孩子长大到开始工作的这段时间。这段时间，我们自己的收入不断提高，但也要去承担孩子的各种教育、生活费用，开支也在不断地增加。我们要做好家庭风险管理，同时也要做好资产的保值和增值。

家庭成熟期：从孩子经济独立到我们退休的这段时间。这段时间，我们收入较高、支出较低，是我们积累养老资金的黄金时间段。不过随着我们年龄的增加，我们的投资也应该更加稳健，这时我们应该增加债券类的投资，减少股票类的投资。

家庭衰老期：从夫妻双方退休到一方过世的这段时间。我们的收入降低，风险承受能力下降。从资产配置的角度来说，需要我们做好财富的保值。这时，应该进一步减少股票类的投资，大比例配置债券类的资产。

除年龄外，我们的风险偏好也会影响我们的资产配置。我们做资产配置选择的工具是有一定风险的，风险等级越高，波动越大，当然获取的收益也可能会越多。如果你是保守型的投资者，那么像股票这样的高波动、高风险的投资工具，就不适合配置。

我们在买基金或者开通证券账户时，都会被要求做风险测评。这类风险测评问卷也有很多，感兴趣的读者可以在投资软件上做一次风险测评。在此不详细讲解。不过我们的风险承受能力也会随着我们的经验和知识的增加逐渐提高。很多时候，我们害怕风险，是因为我们对风险一无所知。

【第九天作业】

（1）继续记账和储蓄；

（2）结合今天的课程内容，对比自己的家庭资产配置，看看是否有缺失的地方，思考适合自己的资产配置方案。

第十天

养成全球资产配置的
眼光和格局

主要内容包括：

➤ 一、资产配置的几个阶段

➤ 二、为什么我们要做全球资产配置

一、资产配置的几个阶段

上一次课程讲了家庭的资产配置。这一次就来讲解资产配置本身，我们其实可以将资产配置分为不同的阶段。

1. 最初级的资产配置

在 2018 年网贷"雷潮"的时候，网上流传着这样一个段子：有一位网贷投资者，听说要做分散投资，于是把资金分散到几十家网贷平台中。结果后来多家网贷平台都"爆雷"（倒闭）了，于是在每一个维权群里都能看到他的身影。

前面讲到，资产配置的核心在于分散。很明显这位网贷投资者并没有做到真正的分散投资。虽然他把钱分到多家网贷平台中，但是他所有的资产都是投资在网贷这一种投资标的上的。所以，当整个网贷行业遇到"雷潮"时，因为他投资了多家平台，反而增加了踩雷的风险。

把所有的钱都投资在单一的工具上，是很多人都在做的事情。比如喜欢炒股的人，几乎一有钱就会拿去买股票。喜欢买保险的人，几乎一有钱就拿去买保险。喜欢买房的人，甚至加上杠杆来买房。虽然他们也会做分散，比如炒股票的人会配置不同行业的股票，买保险的人买不同类型的保险，买房的人会去不同的地区买房，但他们都只是在一个工具上做配置，并没有做到真正的分散投资。

2. 有限的资产配置

把资金投资到一种工具当中，并没有做到分散投资，而一些对资产配置有了解的人，知道要把资金投资在不同的工具当中。比如，他们会拿一些钱来投资房子，拿一些钱来投资股票，然后拿一些钱来投资其他工具。

因为他们知道，股市和房子及其他工具，没有什么相关性，即使股市跌了一些，也许房价会上涨更多，那么我们的总资产最后还会是赚钱的。可能投的网贷踩了一下"雷"，但是买的基金上涨了，那么我们同样没有亏钱。而一些长期关注投资市场的高手，知道该在什么时间买房子，该在什么时间买股票，并且在这些资产之间来回转换。这样，就有可能做到各种投资都能赚钱。

当然，上述只是列举了几种常见的投资工具，其实还有更多的工具，比如黄金、银行理财、债券、收藏品、大宗商品等，懂得把资金分散到不同的投资工具中，并且适时调整，是一些理财达人做的资产配置，但这还不是目前最全面的资产配置方案。

3. 更加全面的资产配置

我们回顾国内的投资市场，会发现在某个时间段，比如 2018 年，股市"跌跌不休"，网贷爆雷、房价下跌。我们无论怎么去做配置，到最后好像都是亏钱。为什么会出现这种情况呢？这是因为我们的配置还不够全面。我们所有的投资都集中在国内，如果国内的市场行情不好，那么所有的投资都会受到影响。我们确实把资产分散到不同的工具中了，但这些工具还是在同一个市场中。

怎样做到更加全面的资产配置呢？很明显，我们要把目光放到不同的市场。同样是在 2018 年，国内股市一直在跌，但是美国股市却创下了新高。如果我们把资产配置在美股上，那么我们同样是能够赚钱的。

这就需要我们有全球投资的眼光，不能只盯着国内市场，还要去关注海外市场。不仅盯着发达国家、欧美市场，还要关注新兴市场，比如印度、东南亚等。要知道，从 2016 年开始，东南亚一些国家的 GDP 增速要比我国还快。所以，从目前来看，最全面的资产配置方案，应该是投资在不同的市场，不同的工具的一个分散的投资组合。只是要做好这样一个组合，对投资者的要求比较高，普通人是做不到的。

二、为什么我们要做全球资产配置

前面讲了资产配置的几个阶段。我们知道，目前来看最高级的资产配置就是全球资产配置。那么，这一次课程再来分析，为什么我们有必要把目光放到全球市场。

1. 国内投资市场也有低迷的时候

每个市场都有周期，比如 2018 年，国内的投资市场很悲观。先是股票市场连续下跌，创出 3 年新低，然后网贷行业不断"爆雷"，很多人血本无归，接着，上涨的房价也开始下跌，并且当时的采购经理指数 PMI 连续下滑。

此时，美股却连续上涨，创出历史新高。不仅如此，当时的一些东南亚国家经济也在高速发展。如果当时我们将资产的一部分配置在海外市场，就可以不断地赚钱。所以，我们需要把目光投向全球，做好全球资产配置的准备。

2. 人民币的汇率波动

改革开放四十多年来，中国经济高速发展。随着经济的快速发展，货币供给也在不断增加，M2 的增速连续多年在 10% 以上。发行的人民币越多，人民币的价格也就越低。

近年来（2018—2020 年）人民币对美元也在慢慢贬值。高的时候 6.2 元人民币可以换 1 美元；低的时候，7 元多人民币才能换 1 美元。当然这个汇率也一直处于波动当中，不排除未来美国也开始大量印发钞票，导致美元贬值。但是不管怎样，我们可以对各类货币资产都配置一些，这样就可以对冲汇率波动的风险。

3. 未来的发展趋势

目前，在发达国家家庭海外资产配置比例约为 15%，其中新加坡海外资产配置比例最高达到 37%，也就是说，国外发达国家的家庭，都会做一些海外资产配置。随着我国人民越来越富有，其海外资产配置的比例也会越来越高。

当然，全球资产配置对我们的家庭资产是有一定要求的。如果你现在连储蓄都很少，一些基础配置都没有做好，那么可以先不用去做全球的资产配置，先把国内的配置做好。这相当于夯实我们家庭理财的"地基"，在积累到一定程度的时候，再去做全球的资产配置。不过，不谋全局者，不足以谋一域。我们既然做整个家庭资产配置，就需要养成全球资产配置的眼光和格局，这对于我们做好家庭资产配置是很有帮助的。

【第十天作业】

（1）坚持记账和储蓄；

（2）通过手机银行 App 换取 100 元港币或者 100 美元。

第十一天

常见的理财投资工具
（1）

主要内容包括：

➤ 一、常见的理财投资工具

➤ 二、什么是基金

➤ 三、货币基金和银行理财

一、常见的理财投资工具

理财投资工具有很多，而每一种工具都有自己的特性。我们做资产配置，需要对各种工具有一定的了解，然后才能挑选出适合自己的工具进行配置。那么常见的理财投资工具都有哪些呢？今天把这些常见的理财工具整理出来，进行全面的介绍，参看如下思维导图。

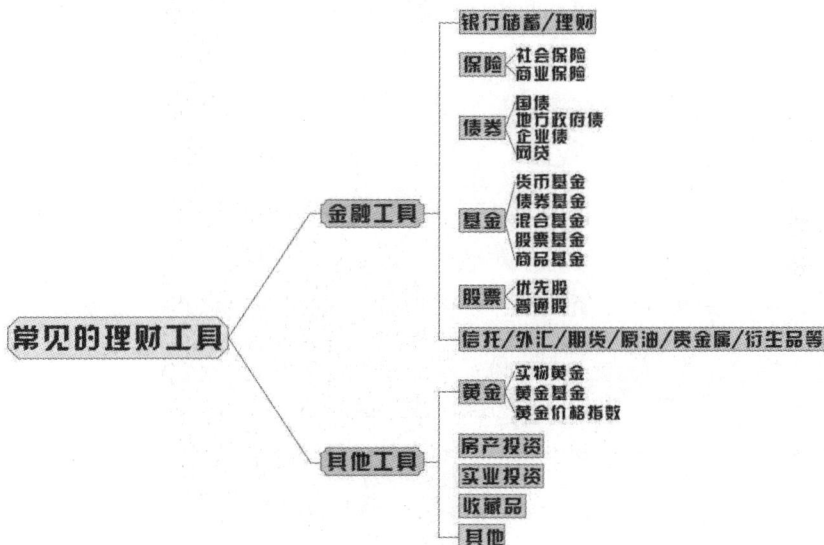

我们可以对理财投资工具进行简单的分类。一类是金融类工具，另一类是非金融类工具。先来看看金融类工具：

首先是银行储蓄和银行理财。基本上这是我们每个人会用到的理财投资工具。

人们有钱都会存银行，虽然现在网络支付很发达，利用微信、支付宝都能扫码付款，但最终的结算其实还是通过银行的渠道。银行理财也是很多人的投资首选。我有时候早上路过银行，会看到一些老年人排队买银行的理财产品。

然后是保险。虽然我一直说，保险最主要的功能是保障，但其实保险的功能还是很全面的，但目前保险的一些功能还没有完全放开。比如在中国香港，由于保险的投资渠道很多，一些投资类的保险产品的投资收益也很高。不过，保险的主要功能还是提供保障，让我们在遇到疾病和意外的时候不至于出现经济问题。保险是我们管理风险的一个必备工具。

还有基金。基金的种类有很多，比如余额宝就是基金中的一种。而基金的投资范围也非常广泛，可以投资股票，可以投资债券，还可以投资房地产大宗商品等。基金也是一个公众的投资工具，各种监管制度非常完善，我们不用担心公募基金跑路的问题。基金的投资门槛很低，很多基金一元钱就可以买。所以，基金是非常适合普通大众的一个投资工具。与基金有关的内容，会在后面的实操课程中详细讲到。

再是债券。我们经常接触或者听说的债券就是国债了。除国债外，还有地方政府债、金融债、企业债等。另外，还有一种特殊债券，即可转债，可转债也是我们可以用来投资的工具，后面会有专门的讲解。债券投资的风险在于借款人是否按时还款，投资债券和投资股票不同，债券如果还不上，那么可能连本金都会亏掉。如果让我们直接投资债券，那么需要非常强的专业知识。因此对普通老百姓而言，直接通过债券基金的方式来投资债券就好。让专业的基金经理，帮助我们选择债券，我们只需要选择好的债券基金就可以。

还有信托。国内的信托有些像大额的固定收益的理财产品，投资了之后，等着到期收回本金和利息。在国外，通过信托其实可以达成我们的某种意愿，比如通过信托来实现家族财富的传承。

当然，还有大家听得最多的股票。股票的本质是公司的权益证券，我们买入股票，其实是做一家公司的股东。除了赚股价涨跌的差价，投资股票还可以获得公司的分红。不过股市七亏二平一赚，大多数人是亏钱的。投资股票也需要花费很多的时间和精力，所以我个人不建议大多数人自己入市去炒股。

最后，还有期货、外汇、衍生品等金融工具。这些工具自带杠杆，波动比股票还要大。因此对于这些金融工具，我就更不建议大家去关注了。其实这些工具推出的目的，是让专业人士操作来对冲风险。这些工具根本不适合老百姓做投资，大家记住不要去碰这些高风险的投资。

金融类投资工具介绍完了，再来介绍非金融类投资工具。

第一，房地产投资。过去十多年，凡是投资房产的人，应该都赚到了钱。而且这里说的，只是房价上涨的收益。其实房地产投资还有租金的收入。不过现在房价越来越高，投资的门槛也越来越高。不少老百姓举全家之力，才能买上一套自住用房。

第二，收藏品投资。"乱世黄金盛世古董。"也就是说，在混乱的时代（比如战争年代），投资黄金会赚钱，而到了太平盛世，就要投资古董（收藏品）了。因为，在太平盛世，人们才会有多余的钱去研究历史、研究艺术等，而收藏品的价格自然也会跟着上涨。只是收藏品投资也有门槛，需要具备丰富的知识积累和沉淀，还需要大量的资金。

第三，投资实业。任何时候，实业都是商业社会的基础。没有实体经济，虚拟的金融投资根本就运行不下去。所以，投资实业其实是非常重要的。观察有钱人可以发现，他们几乎都有自己的企业和公司。只是实业投资有很大的风险，建议大家在做好了各种基础的家庭资产配置之后，再去考虑。

第四，黄金投资。现在投资黄金的方式比较多，不一定要去买实物，比如：可以投资黄金的指数基金。虽然目前黄金投资已经走向了虚拟化的交易，但它的本质还是依托于实物黄金的价格，所以我们把它划分为非金融投资。

第五，其他投资。这里给大家分享的是常见的投资工具。或许还有其他的投资工具，但比较小众，在此不再赘述。以后大家遇到其他投资工具，可以来我的公众号（胡瑞微讲堂）后台咨询。

常见的理财投资工具基本上就是这些。其实，上述提到的每一个理财投资工具，都有很多的内容，都可以单独拿出来写一本书。由于本书主要是带领大家快速进入理财投资的大门，所以不能详细地介绍每一种投资工具。不过，在后面的内容中，会挑选一些适合普通投资者的工具，进行详细地讲解。这里，我们先记住这些常见的理财投资工具，为做好家庭资产配置打好基础。

二、什么是基金

从广义上来说，一笔有使用计划的钱，就可以称为基金。比如，孩子的教育基金、慈善基金、养老基金、旅游基金等。而理财投资上所说的基金，是指一个标准的投资工具。

为什么说基金是标准的投资工具呢？因为一只基金从成立开始，就一直接受政策监管。我们投资的基金，是由基金公司发行的。而基金公司想要发行基金，是需要接受监管的。不仅基金公司发行新的基金产品会被监管和备案，基金公司成立，也是有非常严格的要求的。根据监管要求，基金公司的注册资金最少为 1 亿元，且必须实缴。成立基金公司的主要股东是机构或者法人的，净资产不低于 2 亿元，如果是个人的，那么要求金融资产不低于 3 000 万元，并且要求在境内外资产管理行业从业十年以上。不仅如此，对基金公司的从业者和管理者也都有严格的要求。由此可见，政府机构对基金这个投资工具的监管，是非常到位的。

不仅政策对基金公司监管严格，另外监管还要求，把投资者买入基金的钱，在专门的账户托管起来，托管机构通常是银行。也就是说，基金公司不能把钱转走。这样，即使基金公司倒闭了，只要我们的钱没有在市场上赔掉，就一直是在托管机构放着的，最终我们都能够拿回来。

所以对于基金是否安全这个问题，我想以后大家可以不用问了。作为一个标准的投资工具，从组织架构和监管严苛的角度来说，基金都是非常安全的（这里主要说的是公募基金，私募基金的监管没有这么严格，风险会大一些，后面也会讲到公募基金和私募基金的差异）。那么为什么有人买基金还会亏钱呢？买基金亏钱，亏在基金投资标的的下跌上。比如，有的基金投资的是股票，而投资的股票下跌了，基金也会跟着亏损。但是，并不是基金这个产品本身让我们亏损了，而是投资的标的亏损了。

那么基金这个工具到底有哪些优势呢？为什么说基金是适合大多数投资者的工具呢？

首先，基金的投资范围非常广泛。基金可以投资股票市场、债券市场、货币市场、大宗商品市场、房地产市场等。我们可以想到的投资，基金几乎都可以参与。用好基金这个工具，对大多数家庭来说，就完全可以做好家庭投资了。

其次，基金的投资门槛低。很多投资产品是有起投门槛的。比如银行理财，通常是 5 万元起投，私募基金 100 万元起投，信托 100 万元起投。而基金 1 元钱就可以起投，几乎是没有门槛的，对普通投资者非常友好。

再次，有一些投资市场是普通投资者没有办法去参与的。比如银行间的短期拆借市场，但却可以通过货币市场基金来参与。再比如海外投资市场，一般人也是很难参与的，但是可以通过 QDII 基金，间接地投资海外市场。因此，基金还可以扩大我们投资的范围。

最后，基金能够提高我们赚钱的概率。可能有的人持反对意见，"我买基金还亏了钱呢"。查看历史数据，长期来看大部分的基金是赚钱的。只是投资者自己的一些盲目操作（追涨杀跌，高买低卖）导致自己在基金投资上亏钱。毕竟有专业的基金经理帮我们打理基金投资。如果专业人士、专业机构都不能在市场上赚钱、那么普通投资者自己去投资还能赚钱吗？

其实，基金就是一个投资工具。这个工具是标准化的，有严格监管的，能够保证投资者的资金安全。我们把钱拿来买基金，其实就是把钱委托给专业人士，也就是基金经理，让他来帮我们做投资、赚钱，我们只需要选择好的基金就可以了。

基金的内容有很多，在后面的课程中还会详细地讲到。这里先初步介绍常见的理财投资工具，让大家对各种工具有个初步的了解。基金的基础介绍，就先讲到这里。

三、货币基金和银行理财

1. 货币基金

在课程的第一天，让大家开启一个储蓄计划。当时建议大家把资金存在货币基金当中就好。那么货币基金都有哪些特性呢？为什么建议大家使用这个工具呢？下面就来介绍货币基金。

从名字中就可以看出来，货币基金是基金的一种。因为它主要投资于货币市场，所以才被称为货币基金。在所有的基金中，货币基金是风险最低的一种基金。为什么说它的风险最低呢？从它的投资标的就可以看出来。货币基金的投资标的有：

（1）现金；

（2）期限在一年以内的银行存款、债券回购、中央银行票据、同业存单；

（3）期限在 397 天以内的债券，非金融企业债务融资工具、资产支持证券；

（4）中国证监会、中国人民银行认可的其他具有良好流动性的货币市场工具。

上述投资标的的风险都很低，所以货币市场基金的安全性是很高的。当然风险低不代表没有风险，从理论上来说货币基金也有亏损的可能性，但是到目前为止并没有发生过。

货币基金风险低、安全性高，现在有一部分货币基金在一些机构的改造下，灵活性大大加强。比如余额宝，其本质就是货币基金，我们可以直接用它来购物。再比如，微信里面的零钱通也是货币基金，同样可以直接用于消费。本来货币基金赎回是需要一天的时间的，但是阿里、腾讯等机构自己垫付了一些资金，这样就提高了货币基金的流动性和便捷性。

最后，再来说说货币基金的高收益。长期来看，货币基金的收益在 1%~4%。你可能会说，1%~4% 的年化收益哪里高了？我们说的收益高，需要找一个参照物。

现在的货币基金的安全性和流动性与银行的活期存款比起来，基本上没有太大的差别。所以我们就拿货币基金和银行活期存款相比较，银行活期存款的利息基本上可以忽略不计。虽然货币基金的收益率只有 1%~4%，但与活期存款比起来依然算是高收益率。

货币基金不但安全，而且使用便捷，收益高。基于这些优势，目前来看，货币市场基金是管理灵活资金最佳的工具。我的银行卡的活期里面几乎没有资金，我的灵活资金都存放在货币基金中。

2. 银行理财

说到理财，大家首先想到的还是银行。在我开始从事理财行业之前，我父母的投资方式就是存银行定期。通常是 3 年或者 5 年期限的定期存款，因为存的时间久，利息要高一些。对于银行存款，不用多做介绍，大家都很熟悉。

不过，银行理财就不一样了，与存款不同，它是一种银行发行的投资产品。和基金一样，它也是一个投资工具，可以用来投资各种标的。但是和基金投资的广泛性不一样，银行理财产品主要的投资标的还是债券类资产。所以，银行理财产品收益不高，通常只有几个点的收益，但因为投资的是债券类资产，所以风险也不高。

目前，银行理财产品主要分为保本和不保本两种，新的资管规定出台之后，未来保本的银行理财产品慢慢就会退出市场。通常来说，银行理财产品有 5 万元的起投门槛。现在有一些新出的产品，最低是 1 万元的起投门槛。

和银行理财产品类似的，其实还有证券公司和保险公司发行的资管产品。这类产品的本质都是一样的，就是我们把钱给银行、证券公司、保险公司等金融机构，让它们帮助我们投资一些低风险的债券类资产。当然，未来也有可能放开限制，也可以像基金那样，投资一些高风险的工具。

银行理财产品其实也在不断地变化。这些年，国家对银行理财产品的监管也在不断调整，比如要求推出净值类的产品等。至于未来银行理财产品到底怎样，我们只有走一步看一步了。

对于银行理财产品的更多信息，大家可以登录"中国理财网"查看。"中国理财网"是经中国银行保险监督管理委员会批准建立的全国银行业理财产品信息披露门户网站，由中央国债登记结算有限责任公司设计、开发、运营、维护和管理。正规的银行理财产品的信息，我们都可以在该网站上查询到。

【第十一天作业】

（1）坚持记账和储蓄；

（2）抄写并记忆常见投资工具的思维导图；

（3）去"中国理财网"查询一款银行理财产品的具体信息。

第十二天

常见的理财投资工具
（2）

主要内容包括：

➤ 一、常见的金融机构

➤ 二、债券和股票

➤ 三、要不要用信用卡

一、常见的金融机构

我们除了解各种金融工具外，还需要了解各种常见的金融机构，这样我们才知道该通过什么渠道去做理财投资，以及哪些是靠谱的渠道，哪些是不靠谱的骗子平台。

接下来，我把常见的金融机构整理出来，给大家做个初步的介绍，帮助大家了解这些金融机构。老百姓常见的金融机构如下：

1. 银行

银行是我们接触得最多的金融机构。我们有了钱会去银行存起来，买房也会找银行贷款（存款和贷款是银行的主要业务）。很多人还会购买银行的理财产品。不过现在银行也是一个金融超市，除自己发行的理财产品外，基金、保险、信托等都有销售。甚至有一些从业人员因为业务要求，还会把保险当成理财产品来卖。所以，我们也要懂一些金融常识，要知道自己投资的产品到底是什么，不要看到产品是银行销售的，就觉得安全。

2. 证券公司

对老百姓来说，证券公司主要作用是投资，但是很多人还停留在证券公司就是用来炒股票的认识层面。不过这只是证券公司的基础功能，和银行一样，现在的证券公司也是一个金融超市。除买卖股票外，基金、信托、资管产品、私募等各种投资产品都有代销。证券公司自身的安全性很高。证券行业也是一个严格监管的行业，但我们还是要去看具体的投资标的。不同的投资标的，风险等级也是不一样的。

3. 保险公司

保险是我们管理家庭和个人风险的必备工具。保险是保险公司推出的产品。

成立保险公司需要牌照，所以能够成立的保险公司，其背后的股东都很有实力。保险公司主要分为人寿保险公司、财产保险公司、健康险公司、养老险公司。人寿保险公司和健康险公司主要发行寿险、重大疾病保险、医疗险这一类保障型保险。财产保险公司主要发行意外险、车险、家财险这一类保险产品。养老险公司主要发行养老保险和保险资管产品。除保险公司外，还有一些保险销售机构，比如保险代理和保险经纪公司。这些公司专门代销保险产品，提供保险销售和理赔服务。

4. 基金公司

基金公司就是通过发行基金来帮助投资者投资的金融机构。同样也要持牌经营接受监管。基金公司分为公募基金公司和私募基金公司。目前我国国内只有100多家公募基金公司，但是私募基金公司有几千家。公募基金公司的监管要严苛很多，本书中讲到的基金，都是指公募基金。私募基金有100万元的起投门槛，只适合少部分高净值人群投资，本书主要针对广大普通投资者，所以对此不作介绍。除此之外，还有基金销售机构，银行、证券公司、第三方基金销售机构等。

5. 信托公司

本来信托公司是帮助我们实现自己的意愿和想法的财富管理机构，但是目前国内的信托公司却变成了帮助项目融资的机构。比如有一个房地产开发项目，可以找信托公司去融资，发行信托产品。投资者买信托产品，也就相当于把钱投资到这个项目中，项目完成后，付给投资者本金和利息。信托和私募基金一样，也是有门槛的，通常是100万元起投。

6. 期货公司

期货公司和证券公司有些类似。证券公司的主要业务是开通证券账户，客户通过证券公司的渠道来买卖股票，收取佣金。而期货公司是给客户开通期货账户，客户通过期货公司的渠道来投资期货。不过，期货属于杠杆交易，风险比股票还要高。我个人不建议普通投资者投资期货。

7. 第三方财富管理公司

目前国内的第三方财富管理公司，可以看成一个金融产品的代销机构。其主要向一些高净值客户销售信托、私募这一类产品。其实真正的财富管理应该是根据客户的需要，为客户配置和挑选适合的工具和产品，而不是把自己合作的渠道产品卖给客户。当然，这也是目前财富管理处于初级阶段的原因，未来肯定会越来越规范。我个人非常看好独立第三方财富管理这个行业的未来。

另外还有其他的金融机构，比如金融租赁公司、再保险公司、政策性银行等。与普通投资者这些金融公司没有太多直接的接触，在此不再赘述。

二、债券和股票

债券

了解了常见的金融机构之后，下面介绍常见的投资工具。在此要讲的是债券和股票，首先我们来说说债券。那么到底什么是债券呢？

为了便于理解，下面举一个例子。假设小明现在缺钱花，找到小华借钱。众所周知：欠债还钱，天经地义。小华就有找小明要回欠款和利息（当然他们前期有约定）的权利，而小明也有主动还钱的义务。那么小华和小明就是债权债务关系，这是最简单的债权债务关系。更加复杂的就是，国家、政府、大型公司，也会有缺钱的时候，它们需要的钱多，不会私下找人借，当然普通人也没有那么多钱。这时，它们会发行债券。比如国债（政府发的，以国家信用作为背书，被认为是最安全的债券）、地方政府债券（以地方政府的信用作为背书）、企业债券（以企业的信用作为背书）等。对于这些债券，我们可以去买卖，还有专门的债券市场，这就是债券类投资。

了解了上述基础背景之后，我们就可以理解债券的定义了：债券是指资金需求方，比如政府、企业等，向债券投资者出具的，承诺按照一定利率定期支付利息和到期之后偿还本金的债权债务凭证。通俗来讲，就相当于民间借贷打的借条。

根据发行主体的不同，债券可以分为政府债券，比如国家发行的叫作国债，地方政府也可以发债，叫作地方政府债券。金融债券是银行或者非银行金融机构发行的债券，当然通常来说，并非这些金融机构缺钱才来发行债券，很多金融机构筹集资金是出于某种特殊用途，或者改变本身的资产负债结构。主动增加负债，可以让金融机构更加有主动权和灵活性。公司债券是指满足一定条件的公司和企业发行的债券。

政府、企业发出来的债券都可以在市场上交易和流通。对普通投资者来说，可以直接参与债券的买卖。比如利用手机银行的 App 就可以直接购买国债，也可以通过购买债券基金的方式来间接购买债券。

债券所包含的内容非常多，其实对普通投资者（特别是刚开始接触理财的人）来说，我们不是专业人士，没有必要去做深入的研究，因为长期来看，债券收益不会太高，也没有太大的波动。我们只要记住债券投资的收益与利率相反就可以。也就是说，利率上升，债券收益下跌，而利率下跌，债券收益上涨。

所以，当我们发现利率开始降低时，买入债券即可。我们并不需要自己去买债券，而是购买债券基金，让专业的基金经理帮助我们去做债券的投资。至于如何挑选债券基金，后面会有专门的内容讲到。

股票

讲完债券，接下来说说什么是股票。股票是一种有价证券，它是股份有限公司签发的证明股东所持股的凭证，实质上代表了股东对股份公司净资产的所有权，股东凭借股票可以获得公司的股息和红利，参加股东大会并行使自己的权利，同时也承担责任和风险。上述是官方的介绍，其实简单来理解，股票就是我们投资公司，成为公司的股东，拥有公司股份的凭证。

人们常说的炒股，是指通过证券公司开立的证券账户，在上海证券交易所或者深圳证券交易所购买上市公司的股票，通过股票分红或者买卖价差来获取投资回报的一种投资行为。股票其实也可以进行分类，通常我们通过证券账户买到的都是公司的普通股票，但除普通股外，还有优先股，投资优先股可以优先获得公司的固定股息，在分配公司盈利和剩余资产的时候，享有优先权。

如果我们要自己投资股票，需要做的工作就有很多。一般来说，分为基本面分析和技术面分析。基本面分析，就是要研究宏观经济基本面、公司的经营状况、所处行业情况，以及市场情况、政策等。技术面分析，就是要看公司股价走势，分析各种数据指标，然后判断市场未来的走势。

股票投资也有很多内容。由于股票投资的复杂性、专业性、风险性，我不建议大家直接参与股票市场投资，特别是刚接触理财的人。

股票投资七亏二平一赚，实际上即使投资股市十多年的投资者，真正赚钱的也不多。更何况，我们直接投资股市还要花费大量的时间和精力。人的时间和精力是有限的，如果我们将时间和精力花费在炒股上了，那么花费在事业上的时间和精力也就少了。

所以，我更加建议大家不要直接参与股市，而是选择股票型基金间接投资股票，把更多的时间和精力花在事业上。采用一定的方法，坚持长期投资股票型基金，是能够获得不错的收益的。后面有专门的内容讲解股票型基金的投资实操方法和策略。

三、要不要用信用卡

对于信用卡，有的人说，千万不要用，它会刺激我们消费，让我们在不知不觉中多花钱。也有的人专门研究信用卡，拥有很多张信用卡，甚至在国外还有人用信用卡投资房产，成为亿万富翁。

信用卡本身是一个中性的物品，就好像一把锋利的刀一样，用得好可以用来切菜、切水果，但是用得不好，也会伤到我们自己。关键在于使用它的人，一个不懂得控制消费欲望，拿着卡就知道买买买的人，还是不要用信用卡。但是，大部分人是理性的，可以控制好自己的消费欲望，合理地使用信用卡，来帮助我们做好理财。那么，对理性的人而言，信用卡都有哪些好处呢？

1. 提供流动资金

信用卡是银行免费借钱给我们花的一种方式，当然银行会根据用户的信用情况，给用户一个授信额度。在授信额度以内，我们可以随意消费。只要在约定时间内用户把钱还上，就不对用户收取利息。有时候我们万一急需周转资金，也可以通过信用卡来解决。

2. 打折优惠

通常银行都会和特定的商家合作，推出打折优惠活动。如果我们正好又去那一家消费，那么岂不是可以帮我们节省一笔开支吗？当然，大家要注意的是，不要看到打折就去消费，而是我们本来需要消费，可以享受信用卡的折扣。

3. 附加福利

不同的信用卡有不同的附加福利。比如，我有一张信用卡，只要每个月单笔消费满 1 500 元，就会赠送 1 次免费洗车服务。所以，现在我洗车基本不用花钱。还有的信用卡，积分可以兑换各种礼品，甚至有的积分还可以直接换成钱。当然每家银行的福利不一样，大家在办理信用卡的时候，可以先咨询一下，根据自己的需要，来选择适合的信用卡。

4. 累积信用

对银行来说，一个按时还款的人，是有着良好的信用记录的。再有需求找银行贷款，会更容易通过审核。所以使用信用卡，也能够帮助我们累积信用。

既然信用卡有这么多的好处，那么我们该怎么使用信用卡呢？大家知道，货币是有时间价值的。一般来说，信用卡有一个月左右的免息期。这一个月左右的免息期，我们是可以充分利用的。大家不要小看这一个月左右的免息期，曾经有一篇文章，其中就说有个人利用信用卡的免息期，一个月赚 8 000 元。当然，这个人的情况比较特殊，我不建议大家花太多时间去研究信用卡，因为这不适合大多数普通人，我们还是应该多把心思放在自己的事业上。

对于信用卡，普通老百姓办理 2~3 张就可以。因为在我们的理财规划中，一般来说，我们要预留 3~6 个月的生活费用。对于这些流动性很强的资金，我们就可以用信用卡来做部分代替，而原本要花的钱，我们就可以用来做短期理财，比如购买货币市场基金，小赚一笔。

另外，大家一定要记得按时还款，不要逾期。还有就是不要分期，分期的利息很高，不划算。除非万不得已，也不要用信用卡直接取现，信用卡取现也要收取高额手续费。

我们长时间地使用信用卡，按时还款，我们的信用评分就会越来越高。个人信用在未来社会中越来越重要。试想：现在有两个人，一个人经常找你借钱，每次都按时还钱，信用记录良好；另一个人从来没有找你借过钱，现在两个人都突然找你借钱，你会借给谁呢？答案不言而喻。

最近，我的好几张信用卡都提升了额度。因为我们刚开始办理信用卡时，银行一般不会给我们太高的额度。我们多用信用卡，银行才会给我们慢慢提升额度。额度越高，我们能动用的免费资金就越多。

当然，对于信用卡，其实还有很多细分的内容。包括怎么办理信用卡。办理信用卡需要一定条件，比如学历、稳定的工作、已经拥有的资产（比如房子、汽车）等。并非任何人都可以申请下来信用卡。信用卡的种类也有很多，不同的信用卡，年费、权益都不同。信用卡不是本书的重点，在此不再赘述。在"做好现金管理"那部分内容中会介绍具体怎么使用信用卡，这里大家先了解一下信用卡的基础知识。

【第十二天作业】

（1）坚持记账和储蓄；

（2）没有信用卡的同学，可以尝试申请一张信用卡；

（3）整理你现在所做的债权类投资。

第十三天

常见的理财投资工具 （3）

主要内容包括：

➤ 一、保险的基础介绍

➤ 二、房地产投资

➤ 三、基金投资分类

一、保险的基础介绍

什么是保险？保险是指投保人根据合同约定，向保险人（也就是保险公司）支付保险费，保险人对于合同约定的，可能发生的事故因其发生所造成的财产损失承担赔偿保险金责任，或者被保险人死亡、伤残、疾病或者达到合同约定的年龄、期限等条件时承担给付保险金责任的商业保险行为。

从经济角度来看，保险是分摊意外事故损失的一种财务安排；从法律角度来看，保险是一种合同行为，是一方同意补偿另一方损失的一种合同安排；从社会角度来看，保险是社会经济保障制度的重要组成部分，是社会生产和社会生活"精巧的稳定器"；从风险管理角度来看，保险是风险管理的一种方法。

保险有很多种类。首先，保险可以分为社会保险和商业保险。社会保险又可以分为城镇职工保险和城乡居民保险。城镇职工保险，也就是我们常说的五险，包括养老险、医疗险、失业险、工伤险和生育险。城乡居民保险，比如，城乡居民医疗保险就属于这一体系。

商业保险也可以分为两类：一类是财产保险；另一类是人身保险。

对于财产保险，最常见的就是我们买的车险，车险又分为车损险（自己家的车被撞坏了，保险公司赔钱）、第三者责任保险（撞坏了别人家的车，保险公司赔钱），以及座位险、玻璃单独破碎险、划痕险等。除此之外，还有很多不常见的财产保险，比如家庭财产损失险、银行卡盗刷险等，这些都属于财产保险的范畴。

对于人身保险，大家应该见得比较多了。特别是最近几年，人身保险销售非常火爆。人身保险，就是以我们的寿命和身体作为保险标的的保险。人身保险也可以分为两种：一种是理财型的，比如万能险、投资连结保险、分红险等（现在市面上很多保险公司主打产品都属于此类型）；另一种是保障型的，比如意外伤害保险、医疗保险、重大疾病保险、定期寿险等。

参考如下思维导图，就很容易理解保险的分类及作用了。

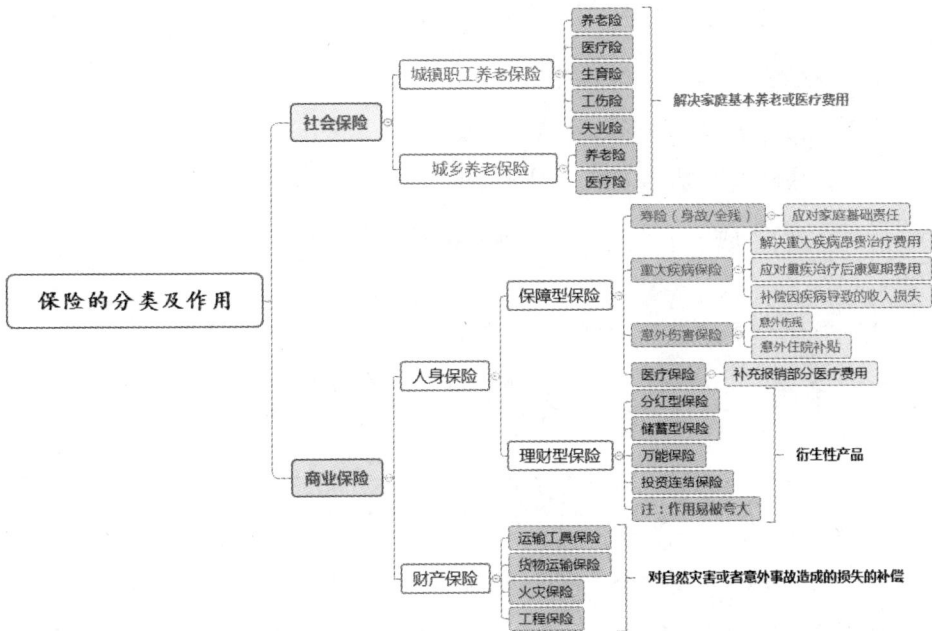

对于保险的基础知识以及保险的分类，先介绍到这里，后面在"构建家庭保障"这部分内容中，还会详细地讲解商业保险的配置原则和注意事项，这里先学习保险的基础概念。

二、房地产投资

在过去的十几年，凡是买房的人，多少都应该赚钱了。中国人对于房产也有着特殊的情感，基本上一提起结婚就会要求有房子。

我住在重庆，2016 年以前，重庆的房价一直很低。所以，当时我也认为房价不会上涨，虽然当时我也买了房子，但是是用来自己住的，完全没有想过买房用来投资。

2017 年到 2018 年上半年，重庆商品房价格上涨。房地产投资的收益来自两部分，一部分是房地产的租金收入，另一部分是房价本身的上涨。这也产生了不同的投资流派，有的人看重房子的租售比，专门买租金高的房子来投资。还有的人不考虑房子的租售比，就买大户型低单价的房子，赚取房价上涨的差价。

房地产投资市场和股票投资市场一样，也是有周期的，有牛市，也有熊市。熊市的时候，大家都不买房，觉得房子过剩了，未来不会涨了。牛市的时候，人人都买房，甚至出现排队抢房、摇号买房等情况。造成这种情况有很多原因，可以将其分为宏观和微观两个方面。从宏观的角度来看，影响房子价格的主要因素如下：

（1）一个国家（城市）的城镇化阶段。目前发达国家有 70%~80% 的城镇化率，根据 2019 年国家统计的数据，我国的城镇化率为 60.6%，与发达国家还有一些差距。

（2）国家对于房地产市场的政策。在房地产市场过热的时候，政府会限购，还会上浮贷款利率，而在房地产市场不景气的时候，政府又会放开限制，降低贷款利率。不仅如此，关键的土地供应，也都是政府在把控。所以，房价是涨还是跌，与政府的政策有非常大的关系。其实我们无论是买房，还是做其他投资，都要关注政策。

除了宏观的因素，还有很多微观的因素，也会影响一套房子的价格。

1. 所处地段

投资房地产主要看地段，而影响地段的因素又有很多。首先，不同的城市，房子（住宅）的价格肯定是不一样的。一线城市和二线城市相比，肯定是一线城市的地段会更好，房价也普遍会更高。其次，交通是影响地段的一个很重要的因素。查看一个城市的历史，就会发现，很多城市的形成就是因为交通。比如重庆是两江交汇之处，郑州是铁路枢纽等。交通方便的地段，房子的价格会更高。现在最明显的，就是看地铁，挨着地铁的房子价格会比远离地铁的房子高。生活配套也是影响地段的因素，比如购物中心、公园、超市等。当然，不同的人喜好不同，有的人喜好热闹，喜欢挨着购物中心居住，有的人喜好安静，选择住在公园旁边。

2．土地属性

不知道大家有没有发现，有时候在同一条街道上挨着的两栋房子，其价格可能会相差很多。这主要是土地的属性不同导致的。

商业用地建出来的是公寓，住宅用地建出来的就是住宅。因为土地性质的不同，外面看着差不多的房子，价格完全不同。不仅价格不同，贷款按揭、买卖税费也完全不同。

类似的，还有安置房，土地性质是划拨，这样的房子价格也要低很多。还有小产权房，也是由于土地性质的原因（很多还是农用土地），导致房子价格非常低。而且许多购房者还比较看重这一点，不会买这类房子，可能导致房子不好出售。

因此，我们在买房子的时候，一定要注意所购房屋的土地性质的问题，不要看到房子便宜就买。当然，这主要是在买二手房的时候需要注意的问题。对新房子来说，一般是开发商从政府手里拿地，然后建造、销售，土地性质没有问题。大家主要区分住宅和公寓。

3．建筑类型和质量

住房的建筑类型有很多，比如高层、小高层、洋房、别墅、大平层等。不同的建筑类型，房子的价格也不同。除此之外，房子的质量也是影响房子价格的一个非常重要的因素。前段时间我和一位朋友一起去看房。我们平时去看房，也就是去售楼处看看，听听销售人员的讲解。但我的这位朋友戴着安全帽混入工地，去看房子的建筑质量。为了做好房地产投资，他还自学了很多建筑学方面的知识。房子的建筑质量对房子的长期价值有很大的影响，在二手房交易市场上，可能同一年建好的不同小区的房子，价格却相差很多，这主要取决于房屋建筑的质量。

4．背后的资源

房子背后的资源，最主要的就是上学指标了，也就是所谓的学区房。我曾经在网上看到北京的一处学区房，只是一个单间配套，却需要好几百万元才能买到，而且很抢手，很快就卖出去了。当然好学校的指标才比较有价值，一般的学区没有意义。随着教育水平的平衡，学区房概念正在逐步降温。

5. 其他因素

还有很多因素都可以影响一套房子的价值。比如风水以及房子的朝向，重庆的江景房就要比不看江的贵，还有的房子面朝主干道，会比较吵，这样的房子价格也会有折扣。

对普通家庭来说，买一套房子自己住，足够了。购买房地产进行投资，需要根据市场情况、城市情况、房子本身情况，以及本身资产情况来作出适合自己的选择。比如，我们不能把家里所有的钱，甚至加上很高的负债，全拿出来买房。把家庭资产全部投资在房地产上是不合适的。前面计算过家庭的固定资产占比，一般建议固定资产占比不超过60%。

当然，房地产投资的知识很多，写一本书都不一定能够讲完。房地产投资，不是本书的重点，所以这里仅做基础的介绍。

三、基金投资分类

相信大家以前或多或少地听说过股票型基金、公募基金和场外基金。不知道大家有没有混淆？它们都是怎么分出来的呢？一些读者看到这些，头就开始晕。不过没有关系，下面一起来梳理一下，大家就清楚了。

基金按照不同的分类方式，同一只基金，就可以有很多种名称。先来按照不同的分类方式进行梳理，之后再用例子来说明。

第一，按照募集的方式来分类，可以分为公募基金和私募基金。顾名思义，公募基金就是公开募集的基金，通常我们投资的基金都是公募基金。对于私募基金大家应该不太了解，因为私募基金不能公开募集，只能针对特定对象募集。什么是特定对象？简单来说就是高净值人士。私募基金有100万元的起步门槛，一般的人没有那么多钱来投资一款基金产品。

第二，按照购买渠道来分类，可以分为场内基金和场外基金。场内基金就是要在股票账户中购买的基金。场外基金就是可以在银行以及第三方基金销售平台申购的基金。这里的场，指的就是股票市场，可以在股票市场交易的基金，就是场内基金，否则就是场外基金。当然也有一些特殊的基金，比如 LOF 基金，既可以在场内买，也可以在场外买。在"场内基金投资实操"这部分内容中，也会有特殊基金的介绍。

第三，根据基金的运作方式的不同，可以分为开放式基金和封闭式基金。可以随时投资的，就是开放型基金。目前来说，人们平时经常投资的，能够设置定投的基本上都是开放型基金，但也有一些基金是规定了封闭期限的，比如封闭3年，那么在封闭期以内是不能够买卖基金的。另外，还有一种介于两者中间的，叫作定开基金，就是定期开放买卖的基金。

第四，对于基金人们用得最多的分类方式是按照基金的投资标的来分类。投资货币市场的，叫作货币基金，比如余额宝这类产品，就是货币基金。投资债券市场的，叫作债券基金。既投资债券市场，又投资股票市场的，叫作混合基金。主要投资股票市场的，叫作股票基金。还有一种，专门投资基金的基金，叫作FOF 基金。

第五，根据投资理念来分类，可以把基金分为主动型基金和被动的指数型基金。其中，主动型基金，通过各种策略、量化交易等，期望能够得到超越市场的收益。而被动的指数型基金，不求超越市场的收益，而是试图复制对应的指数的表现，对应的指数上升就跟着赚钱，对应的指数下跌就跟着赔钱。

第六、按照收费方式来分类，分为 A 类基金、B 类基金和 C 类基金。A 类基金的申购费是前端收取的，也就是在买入的时候就收取申购费。B 类基金的申购费是后端收取的，也就是在卖出基金的时候再收取。C 类基金是没有申购费的，但是会收取销售服务费。

我们可以把基金想象成一个水杯。这个水杯可以由很多的材质制作，可以是木头的，也可以是玻璃的、塑料的。这就好比，基金可以是主动管理型的，也可以是被动投资的指数型的。可以是场外交易的，也可以是场内交易的。可以是公募基金，也可以是私募基金。这些都是用基金产品本身的不同构造形式来进行分类的。

除此之外，我们知道，各种材质的水杯，可以装不同的饮料。可以是白开水，可以是橙汁，也可以是可乐。同样，不同类型设计的基金，也可以投资不同的标的。

这是按照投资标的的不同来进行分类的。

主动管理型基金，可以投资股票，也可以投资债券，还可以投资大宗商品。同样，被动的指数型基金，也可以投资股票的指数，投资债券的指数，以及投资大宗商品的指数。场外基金可以投资各种标的，场内基金也可以。场外基金、场内基金，以及公募基金、私募基金也都是如此。

另外，还有一些特殊种类的基金，比如投资海外的 QDII 基金、分级基金、保本基金等，这里不再赘述。

下面举一个例子来说明一只基金的分类情况，以便大家更好地理解，比如：××沪深 300 指数 A 基金。看名字，就知道它是指数基金。如果按照募集方式来分类，那么它属于公募基金，因为普通投资者都可以买，100 元起投。至于是场内基金还是场外基金，就要看具体是哪一只沪深 300 指数基金，很多家公司都会推出自己的沪深 300 指数基金，有场内的，也有场外的。

通常来说，沪深 300 指数基金都是可以随时买卖（申购、赎回）的，所以从运作模式上来说，它属于开放式基金。如果按照投资标的来分类，沪深 300 指数基金投资的是国内的股票市场，所以它也是一只股票型基金。由此可见，同样的一只基金，按照不同的分类方式来看待，可以有多种身份。有了这个例子，大家以后遇到其他的基金，就可以自己对其进行分类了。

【第十三天作业】

（1）坚持记账和储蓄；

（2）查询 050025 这只基金的成立时间、规模、基金经理、申购赎回、管理费用等基本信息；

（3）抄写并记忆保险分类的思维导图；

（4）给同学分享你所了解的你们当地的房地产市场情况。

本 篇 总 结

　　本书的第一部分，讲的是没有钱怎么理财的话题。这部分内容是家庭理财的基础。做好这部分内容，坚持记账和储蓄，做好开源节流，就可以让我们积累本金。第二部分内容，是在第一部分的基础之上，讲有了本金之后，我们该怎样去规划和做资产配置的问题。

　　想要做好家庭理财规划和资产配置，首先要知道自己的财务状况，所以在一开始我就让大家动手整理自己家庭的收入支出表和资产负债表，以及做家庭财务比率分析。通过这种方式，让大家明白自己现在的财务状况到底如何。发现问题，才能有针对性地解决问题。

　　然后是做资产配置的问题。对普通家庭来说，做资产配置其实就是要考虑如下几个问题：首先要有足够的灵活资金，保证我们随时都有钱花。这部分内容很简单，预留3~6个月的生活开支，然后合理地利用信用卡就可以搞定。再管理我们个人和家庭成员的各种人身和财产风险，主要通过保险这个工具来实现。接着做长期投资安排，也就是我们的养老金、孩子的教育金的准备。最后做各种中短期投资。

　　想要做好这些安排，我们需要对各种常见的理财投资工具有一定的了解。我们要知道它们的作用和特性，这样在做理财规划和资产配置的时候，才知道怎么去挑选。所以，我专门介绍了各种常见的理财投资工具。

　　如果对每一种工具详细地展开讲解，就需要很多篇幅。因为我们所介绍的每一种工具，都可以单独拿出来写多本书，所以这里没有办法去详细讲解，只是做一个初步的介绍。大家认识这些工具，知道它们的特性是怎样的，知道各种工具的作用就可以了。当然在后面的课程中，也会挑选其中适合大众投资者的工具，来做详细的介绍和讲解。

　　当我们了解了这些工具的特性之后，我们就可以动手开始实操了，实操是本书第三部分的内容。后面会详细地讲解，如何做好现金管理让自己有钱花，如何给自己和家人配置保险，如何去准备养老金和教育金。最后讲解常见投资工具的实操，比如指数基金投资实操、可转债投资实操、主动基金投资实操、场内基金投资实操等内容。

可能在一些读者看来，理财投资中最重要的就是第三部分的实操内容。但在我心目中，前面两部分的内容也非常重要，因为没有前面的内容做支撑，直接进入后面的实操内容，我们将会是茫然的，不知道这样做的目的和意义。

我在做理财知识科普的这些年里，发现不少人做理财投资很多年了，但是家庭财务状况依然是一团糟。其实这是因为他们缺少对这部分内容的认知，没有一个完整的理财框架，只是盲目地去做各种工具的实操，但是并没有把各种工具合理地运用起来。而第二部分的内容，其实就是帮助大家去搭建一个完整的理财框架，我们知道自己选择一个工具的目的是什么，也知道自己的每一笔投资的原因是什么。只有这样，再来运用各种理财工具，才能真正发挥各种工具的作用，也才能真正地做好个人和家庭的理财。

讲到这里，我希望大家再一次去总结第一部分和第二部分的内容，找到适合自己的资产配置方案，挑选适合自己的理财工具。希望大家不仅学习到各种理财实操技巧，还能够构建出自己的完整的理财知识框架，养成从整个家庭的角度来思考理财和投资的习惯。

第三篇
理财投资实操

第十四天

做好现金管理，让自己有钱花

主要内容包括：

➤ 一、零花钱管理和现金规划

➤ 二、货币基金及信用卡

一、零花钱管理和现金规划

今天要讲的是，如何做好零花钱管理和现金规划。不过在讲之前，我们还要弄清楚一个问题，那就是：为什么要做零花钱管理和现金规划？原因有如下两个：

第一，防止出现没有钱花的情况。比如，我们失业了，没有了收入，或者突然有一笔大额开支。这就需要我们留足够多的钱，来应对这些突发情况。

第二，提高资产的利用率。把钱存银行活期基本上没有多少收益。所以，如果我们留有太多的流动资金，那么我们可以用于投资的资产就会降低，我们资产的利用率也就会下降。

想要做好这两点，就需要我们做好现金规划。接下来，我们先来看看现金规划可以用到的工具有哪些？

它们有：现金、活期存款、信用卡、保单贷款（对于储蓄性质的保险，是有现金价值的，可以找保险公司做保单贷款）、货币基金、互联网短期借款（比如花呗、借呗、微粒贷）等，在我们有突发情况需要用钱的时候，可以短期借用一下。

我们用得比较多的，主要是信用卡和货币基金。先来说说信用卡。现在很多人都有信用卡。没有信用卡的人，可以办理2~3张（当然，控制不了自己消费欲望的人，还是不要办信用卡）。对于个人理财来说，信用卡有一个月左右的免息期，在这期间相当于银行免费借钱给我们用，所以不用白不用。当然如果你要去办理分期，或者用信用卡去取现就另当别论了。

其实信用卡的知识也有很多，这里大家要首先了解信用卡的账单日、还款日和免息期。

账单日，就是信用卡结算的日子，每张信用卡的账单日都不一样，每家银行的信用卡也不一样。

还款日，一般来说就是账单日后面18天。也就是说，账单出来了之后，我们知道自己要还多少钱了，这时，我们有 18 天时间准备还款。

免息期，就是我们可以免费占用银行资金的时间。如果在账单日后的第一天去消费，那么会等到下一个月的账单日结账，这是一个月的时间，再等 18 天后还款，所以最长能够占用的免息期有 47 天（当然不同的银行会有一些差异，不过总的来说都差不多）。

对于信用卡先讲到这里。记住：有大额开支要用信用卡的时候，尽量选择账单日后几天去消费。这样可以有更长的免息期。

二、货币基金及信用卡

接下来，我们再来说说货币基金。

货币基金是基金的一种，是投资于货币市场的基金。主要的投资标的有：现金；一年期以内的银行定期存款、大额存款；剩余期限是 397 天内的债券；期限在一年以内的债券逆回购；期限在一年以内的中央银行票据。

这些投资标的的流动性都很高，而且很安全。货币基金是我们现金管理非常重要的工具。比如余额宝、微信的零钱通所对接的其实都是货币基金。

关于现金管理的工具就先介绍到这里，接下来讲解具体该怎么做。首先考虑的，就是应该准备多少活动资金才够用。正常来说，建议准备个人或家庭月支出的 3~6 倍。哪些人需要准备 3 倍，哪些人需要准备 6 倍呢？对收入稳定的人来说，比如公务员、教师、医生等，预留 3 倍的活动资金就可以。而对收入不稳定的人来说，比如销售人员、创业人士等，最好预留 6 倍的生活开支。对于每个月的生活开支，大家通过记账数据和家庭收入支出表，就可以整理得出。

预留的金额知道了，那么对于预留出来的这部分资金，该怎么处理呢？我的建议是预留一小部分现金和活期，将大部分的钱放在货币基金中。因为货币基金有 1%~4% 的收益（目前来看是这么多，当然收益也在波动，以后可能会低过该区间，也有可能高过该区间），虽然看起来不高，但是比银行活期要高很多，相当于银行活期的几十倍。而且现在流动性很好，想用钱或者提现的时候，1 万元以内可以做到实时到账。

那么要用钱时怎么办呢？这时信用卡就派上用场了，现在移动支付非常普及，我们可以直接把信用卡绑定在手机软件上，在可以用信用卡的地方，统统选择使用信用卡支付。然后充分利用信用卡的免息期，这时大家应该会明白，我为什么建议大家办理 2~3 张信用卡了。因为我们可以在不同的时间，刷对应的账单日后几天的那张信用卡，能更加充分利用免息期。

对大多数人来说，做好现金规划非常简单。只需要我们合理运用信用卡和货币基金，就可以轻松实现。现金规划是我们理财的基础，因为如果现金规划都没有做好，那么是没有办法做好后面的理财投资的。试想：如果没有做好现金规划，很有可能我们正做着投资，而这笔投资可能还没有赚到钱，就要马上应付开支。此时，不得不亏着卖出，这样怎么可能做好其他的理财呢？

如果我们做好现金规划，那么不但可以让自己随时有钱花，还能让我们的流动资金产生一定的收益，提高我们的资产收益率。所以，大家也可以运用上述讲到的方法，去做好自己的现金规划，让自己随时有钱花。

【第十四天作业】

（1）坚持记账和储蓄；

（2）根据以前整理的家庭收入支出表，计算自己每个月的平均开支，并且根据今天的课程内容，预留足够多的灵活资金，做好现金管理；

（3）总结第八天到今天的学习内容。

第十五天

构建家庭保障体系（1）

——————————○

主要内容包括：

➤ 一、为什么我们要买保险

➤ 二、配置保险的注意事项

➤ 三、成年人如何配置保险

一、为什么我们要买保险

做好现金规划，让我们随时都能有钱花，只是我们家庭理财的第一步。家庭理财的第二步就是管理好家庭可能会出现的各种风险，比如意外和疾病。这一步也是非常重要的，如果没有管理好家庭的各种风险，即使我们其他方面的安排做得再好，也有可能功亏一篑。管理家庭的各种风险我们就需要用好保险这个工具。

让我们看看保险是怎么产生的。保险的产生要感谢风险，因为有风险的存在，才有了保险的诞生。当然也不是对所有的风险，保险都能够有所保障。比如，股市下跌的风险，保险就无法保障。那么又出现了如下两个概念：可保风险和不可保风险。哪些风险是可保的呢？

首先，意外风险。比如走在外面不小心摔了一跤，受伤了。再比如走在路上，突然一个花盆掉下来，砸中了我们。比如在家做饭，被油或者开水等高温物品烫伤，以及意外交通事故导致的伤害等。这些都是我们可能会遇到的，随时都有可能发生的事情。而一旦发生这些情况，我们的身体就会受到伤害，轻一点的会产生一些治疗费用，严重一些的可能会导致身体残疾甚至死亡。意外风险，就可以用意外伤害保险和意外伤害医疗保险来进行保障。

其次，疾病风险。每个人都会生病，比如我在每一年换季的时候，都会患一次小感冒。不过还好我在重庆，重庆只有夏天和冬天，所以我一般一年会患2次小感冒。当我感冒时，就会买点感冒药吃，甚至有时候熬几天，不吃药最后也都自然好了。但是如果患有严重疾病，就必须要去医院治疗。去医院就会产生一些治疗费用，而这些额外的医疗费用开支，可以通过医疗保险来保障。

再次，自然灾害，比如地震、台风、泥石流等。这类风险出现的概率很小，但是造成的损失巨大，属于巨灾。以前每一次出现这样的灾害，总是由政府承担或者号召大家募捐。其实这部分经济损失，也可以通过保险来保障。目前国家也在积极发展这种类型的巨灾保险，希望能够通过保险这个金融工具来降低自然灾害带给我们的经济损失。

最后，财产损失风险。很多人都有自己的住房，是否想过房子有时候会有一些损伤呢？比如火灾、爆炸、漏水等。这些情况造成的损失，也可以用保险来保障。对于私家车，也必须买汽车保险才能上路，比如交强险，就属于财产类保险。现在移动支付非常发达，如果资金被盗刷，那么这样的风险也可以用资金安全险来保障。

保险的本质其实是降低风险给我们带来的经济损失。正是因为这些风险的存在，保险才有了存在的意义。接下来回到我们自己身上，我们再来分析，为什么要买保险。

在保险行业流传着这样一句话："人的一生罹患重大疾病的概率为72%。"当然对于这个数据是从哪里来的，我查了很久都没有查到。其实不用去管这个概率是不是真的，这不是重点，重点是我相信大家都会和我一样，有这样的感受：现在，我们身边患癌症的人越来越多了。我记得在我小时候很少听说身边的人有得癌症的。现在我经常听到：××查出什么什么癌症了，××已经晚期了，等等。

我自己购买了重大疾病保险来应对这方面的风险。当然重大疾病保险不只是保障癌症，也包括一些非常严重的手术（比如冠状动脉搭桥手术等），还有非常严重的残疾。其中很多疾病，按照现在的医疗水平，是可以治愈或者延长生命时间的，但是，需要的是高额的医疗费用，不仅是医疗费用的问题，还有后期康复，以及停止工作时的收入补偿的问题。所以，一旦自己或者家里有人罹患重大疾病，那么对我们家庭的经济影响是很大的。对于重大疾病的风险，我是切实感受到需要用保险来帮助我降低经济方面的压力的。

说到为什么要买保险，大家听得比较多的会是爱和责任，以及留爱不留债这类的话（因为很多保险从业者都是这样去讲的）。不过在我看来，这些其实是保险的衍生作用（还包括，对财富的传承等）。保险的作用就是降低风险带来的经济损失，让我们更加地从容应对各种风险。而对我个人来说，我最看重的，其实就是降低重大疾病带给家庭的经济压力。当然，对大家而言，保险会有自己看中的特殊作用。总之，保险是一项伟大的发明。

最后总结一下：为什么我们要买保险？其实就是通过保险这个工具来转移风险，降低风险带来的经济损失。

二、配置保险的注意事项

前面讲了为什么要买保险。下面就来讲解怎么配置保险的问题。

在开始讲配置保险之前，先来说说什么是经济条件允许。我觉得最起码是生存没有问题，如果连生存都存在问题，还要去配置保险，那么肯定是不科学的。因此，配置商业保险应该是具备一定的经济条件之后再去考虑的。至少是在能够应对日常生活开销（也就是做好了现金管理），且有一定结余的情况之下，再来考虑保险的配置问题。

有了钱就可以随意配置保险了吗？不。我们还需要知道保险的种类，对于这部分内容，在"常见的理财投资工具"内容中已经讲过了，这里不再赘述。另外，我们还需要知道配置保险的一些基本原则。

1. 双十原则

第一个"十"，是寿险的保障额度，大约等于家庭总收入的十倍，比如一个家庭一年赚 20 万元，那么夫妻两个人的寿险额度总额需要配置 200 万元。当然这只是作为参考，不一定非要按照这个数额来购买。大家还可以根据自己的实际情况，进行增加或减少。通常，计算寿险额度，是根据家庭责任和负债的总和来确定的，当然，这又是另外一种确定寿险额度的方法。第二个"十"，即家庭的保费支出，是家庭年收入的十分之一。这个数值也是一个参考数值，有的家庭收入很高，可能只需要花 5% 的收入就可以给家人配置好保险。

所以，上述只是作为参考，大家可以根据自己的实际情况进行配置，但是最好不要让保费支出超过家庭年收入的 15%。拿太多的钱来配置保险，会影响家庭的其他安排。甚至有的人几乎把家里所有的结余都拿来买保险了，这是不可取的。

2. 先大人后小孩原则

做父母的都很爱自己的孩子，想要把最好的都留给孩子。一些保险从业者为了赚钱，不管客户家庭中父母是否有保险，只是从父母爱孩子的角度来考虑，既然大人想给孩子买保险，就先卖孩子的保险，把钱赚了再说。有的从业者居然还卖小孩的理财型保险，这样做其实是不负责的。大家想一想，如果大人没有保险，那么万一大人有了疾病，孩子怎么办呢？毕竟大人才是家庭的主要经济支柱。

所以，在配置保险上，父母应该"自私"一点。先给自己买，之后再给孩子配置。父母应该把家庭的保费预算多花一些在自己身上。因为大人才是孩子最好的保险，只要大人在，孩子就会过得好。我们有了保障，其实就相当于孩子拥有了保障。所以，大家记住，买保险要先大人后小孩。

3. 先保障后理财原则

前面讲过，保险可以分为理财型和保障型。那么我们应该先买哪一种呢？有的人听说理财型保险可以赚钱，而且听保险销售人员讲，收益很高，感觉很划算，于是就买了理财型的保险。现在我们回顾一下，保险的作用是什么。保险最大的功能就是，降低风险给我们带来的经济损失，而一般理财型的保险是没有保障的，虽然我们买了理财保险，但是并没有起到保险应有的作用。因此，买保险应该先买保障型的保险，保障型的保险配置好了之后，如果还有多余的钱，那么再来考虑理财型的保险。

既然如此，那么对普通家庭来说，该怎么配置保障型的保险呢？在我看来，首先是重大疾病保险，现在重大疾病的发病率越来越高，还偏向于年轻化。因此我首先建议大家配置的，就是重大疾病保险。重大疾病保险可以保障我们在患有重大疾病的时候有钱治疗，不至于出现没钱治病的情况。

其次是寿险。寿险只有一个保险责任，身故赔付。有的人会说，人都死了，拿这么多钱来有什么用。如果重大疾病保险是为自己买的，那么寿险则是应对家庭责任的。假设一个家庭的主要经济支柱突然离开，那么对整个家庭来说，影响是非常大的。寿险的价值就是在这个时候赔付一笔钱，让整个家庭的其他成员渡过难关。

再次是医疗保险，在人的一生中，生病住院发生的概率基本上是 100%，很少有人一辈子不生病、不住院。因此医疗保险也是需要配置的，而且我建议大家，先配置社保医疗保险，不管是城镇职工医保，还是新农合，都是值得配置的。在此基础上，再配置一些商业的医疗保险作为补充。

最后是意外伤害保险。现代社会，大部分人生活在城市中，交通事故发生的概率越来越大。配置意外伤害保险，也是很有必要的，而且纯消费型的意外伤害保险非常便宜，一两百元钱，就可以保障几十万元的额度。

一般来说，如果配置了重大疾病保险、寿险、医疗保险和意外伤害保险，那么一个人的保险保障就非常全面了。借用保险从业者的一句话：从头发丝丝保到脚趾尖尖。基本上，人身上的风险都有了保障。

三、成年人如何配置保险

前面讲了如何配置保险的问题，以及配置保险的 3 个原则，分别是：双十原则、先大人后小孩原则、先保障后理财原则。最后，还介绍了保障型保险的种类。当我们掌握了这些基础的内容之后，就可以开始给自己配置商业保险了。

下面我们来看看，成年人如何购买保险。不过在开始讲之前，我要强调一下，我们每个人的情况都不一样，配置保险也是因人而异的，但是，仍然有一些大的思路和框架可以拿来使用。今天我给大家分享的，也正是这个大的框架和思路。

前面讲过，买保险要先保障后理财。那么，我们就来看一看，一个人遇到的风险都有哪些，以及如何挑选对应的保险产品。我们可能会遇到重疾、身故、医疗和意外的风险，而对应的，我们可以购买重大疾病保险、寿险、医疗保险和意外伤害保险，来应对这些风险。

首先是重大疾病保险。目前重大疾病保险可以分为三大类，分别是：一年期消费型重大疾病保险，定期消费型重大疾病保险和储蓄型重大疾病保险。

第一种是一年期消费型重大疾病保险，其采用的是自然费率，每年价格都不一样。买一年保障一年，最大的投保年龄一般是 50 岁，过了 50 岁就买不到了，并且还有停售的风险，也就是说，今年可以买到，但是明年就有可能会停售，停售了也就买不到了。当然一年期重疾保险保费非常便宜，对于刚刚步入职场的年轻人，或者已经配置定期和储蓄型重疾保险之后，作为补充重疾额度，还是可以的。

第二种是定期消费型重大疾病保险，其采用的是均衡费率，缴费 10 年或者 20 年，可以保障 10 年、20 年，或者保障到 70 岁、80 岁甚至终身。因为是消费型的，所以是没有身故的赔付（身故了，家人可以找保险公司退保，退回保险的现金价值）。这类产品不会像一年期的重疾保险那样，有停售的风险。哪怕产品停售了，也会保障到对应的年龄。因此，经济压力比较大，又想要买到较高保额的人，可以考虑这类重疾产品。

第三种是储蓄型重大疾病保险。这类重疾一般保障终身。因为带有储蓄功能，所以到最后，无论是否因为重大疾病去世，都会获得保额的赔付。现在还有一些产品推出了多次赔付的功能。只是储蓄型重大疾病保险保费会高一些，适合那些预算充足，又想要确定能够得到赔付的人。

然后是寿险。寿险同样也分为两种，一种是定期寿险，另一种是终身寿险。同样，定期寿险和定期重疾一样，也属于消费型，也是缴费 10 年或者 20 年保障 20 年、30 年或者到 60 岁、70 岁。对于缴费时间和保障时间，都可以选择。而终身寿险，也就是保障终身。因为终身寿险最终肯定会有赔付，所以费率上会比定期型的高很多。一般建议大家根据实际情况进行选择，或者搭配使用。

接下来是医疗保险。目前医疗保险可以分为 4 种。一种是社保医疗保险，包含城镇职工医疗保险和城乡居民医疗保险（新农合），这两种只能二选一。因为城镇职工医疗保险报销比例高一些，所以最好选择城镇职工医疗保险。这两种医疗保险都是直接在医院结算的，不用我们再去报销了，大大方便了我们去医院看病。对应的费用国家都有补贴，因此我建议大家配置该医疗保险。

之后，还可以配置一年期消费型医疗保险。该医疗保险属于商业保险，一般成年人，一年几百元钱就可以买 1 万元以内的理赔额度。再加上已有的社保医疗保险，普通生病住院就可以得到保障。

那么万一遇到更大、更严重的疾病呢？这时就可以考虑一款百万医疗保险。一年几百元钱，可以买到几百万元的保障额度，应对大额的医疗开支就没有问题了。只是这类保险通常有 1 万元的免赔额，一般的生病住院不能报销，这种产品是专门针对大额医药费用开支的。

当然，还有一种医疗保险，是附加在主合同上的医疗保险。比如购买了重大疾病保险，可以在这份合同上再附加一份医疗保险。那么这个医疗保险就是附加型的医疗保险。附加的医疗保险，比我们单独买的医疗保险具有的优势是，一般保证 5 年续保。就是即使该医疗保险停售了，依然可以保障 5 年。前面所说的百万医疗保险和基础型的医疗保险都是一年期消费型的保险。其与一年期重大疾病保险一样，会有停售的风险，也会有年龄的限制。一般的医疗保险，能够保障到 65 岁，过了 65 岁之后，就基本上买不到医疗保险了。这也是我建议大家配置社保医疗保险的原因。

最后是意外伤害保险。其也可以分为一年期消费型和定期储蓄型。但我一般建议大家直接买一年期消费型的意外伤害保险。因为意外保险不存在续保的问题。不会出现你今年出险了，明年就不保了的情况。储蓄型的意外保险，保费高，会占用我们大量的资金。从家庭理财的角度来说，我是不建议大家配置的。意外伤害保险其实和职业类别有很大的关系。有的职业的危险系数比较高，例如，在矿场工作的工人，基本上很多的意外保险都是不保的。

上述就是成年人可以配置的保险产品。那么，我们该怎么配置呢？当然这里不会讲具体的产品，因为产品都是在变化之中的，每过一段时间，都会推出新的产品。我们的课程讲的是方法和思路，这些才是不会过时的。如下两个配置思路供大家参考。

对于家庭经济压力比较大的人，可以考虑定期消费型重疾保险，加上定期消费型寿险，加上社保医疗保险和基础商业医疗保险，再加上一年期意外伤害保险。

对于保费预算足够的人，则可以考虑储蓄型重疾保险和终身型寿险，加上社保医疗保险和基础商业医疗保险以及百万医疗保险，再加上一年期意外伤害保险。

另外，对于意外伤害保险和医疗保险，各家公司的产品的保障责任和价格都相差不大。而对于重大疾病保险和寿险，不同的保险公司的产品就相差很大。因此建议大家在购买重疾保险和寿险的时候，多比较几家公司的产品。我曾对比过各家公司的重疾产品，同样的保额相同一个人测算出来，一年的保费要相差好几千元。缴费 20 年算下来，就相差几万元、十几万元的总保费了。所以，大家在挑选保险产品时，一定要多多比较。

【第十五天作业】

（1）坚持记账和储蓄；

（2）根据今天的课程内容，梳理现在家庭成员已经拥有的保险。看看你现在都买了哪些保险，拥有多少保额。

第十六天

构建家庭保障体系（2）

○───────────────────────────○

主要内容包括：

➤ 一、如何给孩子配置保险

➤ 二、如何给父母配置保险

➤ 三、保险配置中常见的坑与预防方法

➤ 四、如何对比两款保险产品

一、如何给孩子配置保险

孩子的保险配置，和成年人的保险配置思路是一样的，也是重疾保险、寿险、医疗保险和意外伤害保险。只是孩子没有家庭责任，可以不用配置寿险。

首先来看看重疾保险。和成年人一样，少儿重疾保险也包括一年期消费型的、定期消费型的和储蓄型的。只是少儿重疾保险和成人重疾保险不一样，因为少儿定期重疾保险非常便宜，一年几百元就可以买到几十万元的保额。如果和购买储蓄型的少儿重疾保险对比起来，储蓄型的少儿重疾保险就非常贵了，储蓄型少儿重疾保险险通常每年保费需要几千元。如果选择储蓄型的少儿重疾保险保障到终身，那么等到赔付就是好几十年以后的事情了。那时，我们现在购买的保额，算上通货膨胀，基本上就不值钱了。

因此，对于小孩子的重疾保险我建议大家购买定期消费型的。比如买一份缴费 20 年，保障 30 年的少儿定期重疾保险。每一年保费都是恒定的，在 30 年的时间内，不用担心保险停售的问题。买一份 50 万元的重疾保额，一年保费也才几百元。同等条件下，买 50 万元额度的储蓄型重疾保险，一年要好几千元保费。我们完全可以把节省下来的保费拿来做一些长期投资，就当是给孩子准备教育金。对于一年期消费型的重疾保险，我不建议大家考虑，因为随时都有停售的风险。

然后是寿险，对于孩子的寿险额度，国家法律是有限制的，很多地区是 10 万元的额度。现在某些发达的城市，额度有所调高，这样做主要是为了防止道德风险。所以，不要因为有钱，就多给孩子买寿险，其实多买的保额是没有用的，反而白花了钱。购买寿险之前，要查询一下当地孩子最高的可购买寿险的额度。可以在当地的银保监会官网查询，或者电话咨询得到。另外，我个人觉得，其实可以不用给孩子买寿险，在前面的课程中讲过，寿险的作用主要是应对家庭责任。

孩子是不用承担家庭责任的，所以其实不买寿险也没有太大的关系。至于选择定期寿险，还是终身寿险也就没有太大的讨论意义了。

接下来就是医疗保险。对孩子来说，医疗保险是非常重要的。孩子的抵抗能力比成年人差，很容易感冒、生病。所以给孩子配置医疗保险是非常有必要的。对于策略，和成年人的思路一样，以社保医疗保险作为基础，对于怎样给孩子买社保，可以去当地社保局和社区委员会咨询和办理。然后补充商业医疗保险，同样先补充基础的医疗保险，再补充百万医疗保险。这里顺便说一下，医疗保险通常指住院医疗保险，门诊一般是不报销的。当然现在也有单独的门诊医疗保险，一年保额几千元，保费都要几百元。从保障的角度来说，意义不是很大。现在家庭，一年承担几千元的医疗费用应该问题不大，所以对门诊医疗费用的风险，完全可以自担。当然，有的人觉得有需要，要配置也是可以的。

最后是意外伤害保险。孩子对危险的识别能力不如成年人强。比如走路摔倒，磕磕碰碰，这些对孩子来说，都是很正常的事情。因此，对于意外伤害保险，孩子比成年人更加有配置的需要。给孩子配置一份意外伤害保险，是很有必要的。从策略上来说，和成年人一样，同样建议配置一年期消费型的意外伤害保险。

另外，还有一些家长，喜欢给孩子买理财型的教育金保险。如果提前配置好了这些基础的保障型保险之后，再来考虑理财型的保险，那么是可以的。只是大家要知道，目前国内的理财型保险收益通常不到4%，如果自己有更好的投资方式，也可以用其他的工具给孩子储备教育金。比如后面会讲到的指数基金定投，就可以用来给孩子储蓄教育金。从整个家庭理财的角度来讲，我个人不建议买理财类的保险，因为目前国内的理财型保险收益不高，且投资期限很长。除非其他类型的投资已经有很多了，配置理财型的保险来对冲风险。

最后总结一下，孩子保险的配置方案可以是，定期消费型的重疾保险，加上社保医疗保险，加上基础型商业医疗保险，加上百万医疗保险，再加上一年期意外伤害保险。一般来说，全部买下来，一年1 000元以内，就可以轻松搞定。

二、如何给父母配置保险

我父母那一代人（60 后），几乎没有保险意识。拿我父母来说，如果不是我强烈要求给他们买保险，到现在他们肯定什么保险都没有。甚至在最开始的时候，连老家的合作医疗保险，他们都不想买。不过，我自己掏钱给他们买了保险，后来他们生病、出现意外后报销了几次，这才相信保险不是骗人的了。

父母的健康是孩子最大的福气，万一父母生病、住院，我们做子女的不但操心，还需要支付大量的费用。所以，给父母配置保险，其实就是降低我们自己的风险，这是很有必要的。

同样，父母的保障和我们成年人的保障体系是一样的，也可以按照重疾保险、寿险、意外保险和医疗保险的思路去配置。如果家庭条件好，对保费支出没有压力，那么最好将所有的产品都配置上。而对保费预算不够充足的家庭来说，就要好好地配置一下，把钱花在刀刃上。

首先父母年龄大了，对于很多保险产品已经无法购买了。比如现在市面的重疾产品，超过 60 岁，基本上买不到了，有的产品甚至 55 岁、50 岁过后就买不到了。而且有的产品，即使能够买到，也会出现保费倒挂的情况。也就是说，我们最终缴的总保费，超过了最后得到赔付的保额。对于这样的情况，还不如风险自担。因此，一般来说，如果父母年龄大了就不建议购买重疾保险了。但是，父母年龄大了，抵抗力变差，罹患重大疾病的概率也变高了，那么有没有其他的补救措施呢？

答案是肯定有的，那就是定期消费型防癌险。防癌险，只是保障恶性肿瘤，也就是人们常说的癌症。防癌险，没有重大疾病保险的保障范围广泛。重大疾病保险是包含了防癌保险的责任的，除此之外，重大疾病保险还保障一些重大残疾、非癌症的疾病。这里我们退而求其次，选择防癌险，并且防癌险对三高人群特别友好，对于很多的防癌险三高人群都能买。大家可以在互联网保险销售平台上搜索关键词"防癌险"，就可以看到有很多这样的产品。

配置好了防癌险之后，再来看看寿险。前面讲过，寿险主要是应对家庭责任的。父母已经把我们养大了，该还的房贷也还完了，基本上没有什么家庭责任了。因此在这样的情况下，父母和孩子一样，其实也可以不用配置寿险。当然对一些想通过保险来传承财富的家庭，则另当别论。有的人，买了几百万元的大额寿险保单，就是为了做家族财富的传承。

然后是医疗保险。对于父母的医疗保险，我建议首先配置社保医疗保险。社保医疗保险有两种，一种是农村合作医疗保险（现在叫城乡居民医疗保险），另一种是城镇职工医疗保险。农村合作医疗保险在大医院的报销比例不高，只有45%。而城镇职工医疗保险有85%的报销比例。所以建议大家给父母配置城镇职工医疗保险。这样基本上大部分医疗费用就可以由社保来报销了。商业医疗保险一般保障到65岁，只能够起补充的作用。对于百万医疗保险，能够买上自然最好。如果买不了，就只有依靠社保了。

最后是意外伤害保险。市面有专门针对老年人推出的意外伤害保险。一般来说，最长可以保障到85岁。老年人的意外伤害保险比年轻人的意外伤害保险贵一些，保障的额度要低一些。毕竟商业保险也是一门生意，虽然意外和年龄的关系不是很大，但还是有影响的。父母年龄大了，身体素质肯定不如年轻人，遭受意外伤害的风险概率要大一些。因此，老年人的意外伤害保险贵一些也是可以理解的。

总结一下，如何给父母买保险。如果父母还年轻，可以买重大疾病保险，且保费没有倒挂，那么首选给父母买终身型的重大疾病保险。如果父母年龄大了，买重疾保险保费倒挂了，那么给父母配置定期消费型防癌险。在医疗保险方面，首先配置社保医疗保险，如果当地政策允许，建议把农村合作医疗保险（城乡居民医疗保险）更换为城镇职工医疗保险。同样，如果父母年轻，可以买商业医疗保险，则配置消费型医疗保险。年龄大了，买不了了，就主要靠社保医疗保险。对于意外伤害保险，直接选择专门针对老年人推出的一年期消费型的保险就可以。

三、保险配置中常见的坑与预防方法

随着收入水平的提高，人们手头都有余钱，而且理财意识也提高了，知道不能仅仅把钱存在银行里面，还要学习做各种配置。很多人首先想到的，就是给自己和家人配置保险，于是这些年保险行业发展迅猛。但是行业发展太快，总会有一些问题。比如一部分从业者为了能够成交，可以说是不择手段。在客户买保险之前把保险讲得天花乱坠，让人感觉什么都保，但其实客户最终买到的，不一定是真正适合自己的保险产品。下面就来分析，那些保险从业者常用的销售套路。

1. 保险马上停售了，现在不买以后买不到了

不知道大家有没有看到一些保险从业者发这样的朋友圈：×× 产品马上停售了，再不买以后就买不到了。像这种炒作保险停售的，完全是在忽悠。大部分保险因为产品落后了，跟不上市场了，所以才停售，然后推出新的适合市场的产品。当然也有极少部分产品因为偿付比例过高，保险公司不赚钱，所以才停售。只是这类产品很少，多数产品都是因为产品落后了才停售的。

真实的情况是，保险产品只会越来越便宜、越来越具有较高的性价比。以重疾产品为例，前几年市面上的重疾产品，普遍只保障 45 种重疾，现在（2020 年）的重疾产品，保障的一般有 80 种、110 种重疾（未来种类还要多）。以前的重疾产品连保费豁免都没有，现在很多产品都是轻症豁免，并且可以附加投保人豁免。新出的重疾产品，在保障种类更多的情况下，保费还低了不少。

所以保险产品停售了，其实并没有什么可惜的。不要因产品停售而急于购买保险。

2. 买保险就是理财，买保险就是存钱

有一些保险从业者拿保险和存钱来做比较，说把钱存在银行，出了险（比如意外和疾病）银行不赔一分钱，但是把钱存在保险公司，出了险保险公司就要赔

很多钱，而且即使不出险，最后也会把缴给保险公司的钱还回来，让客户觉得买保险很划算。

其实，他们没有考虑货币的时间价值。现在我们手中的 10 万元和几年后的 10 万元，完全是不一样的。四五十年后的十万元，算上通货膨胀，可能就只有现在价值的 20%~30%。所以，大量的钱无论是存在银行还是存在保险公司其实都一样，是不划算的。保险从业者故意拿银行来比较，其实就是银行利息低而已。而且，还有一点他们没有讲，那就是如果买保险那么我们中途不能把钱取出来，中途取出来（退保）会亏损很多钱。所以从这一点来说，买保险还不如存银行。

对于买保险，还是该回归保险的本质，那就是保障。用少量的钱，买到最大的保额，充分利用保险的杠杆功能，降低风险给我们带来的经济损失就可以了。千万不要为了存钱去买保险。

3. 理财型保险收益很高

一些保险从业者为了销售出去产品，会有夸大宣传的情况。比如我知道某家保险公司的理财保险产品，每年返还保额的 12%，而很多代理人就直接对客户说有 12% 的年化收益。但其实是，1 万元钱能够买到的保额可能只有 2 000 元，而保额的 12%，真的算下来只有 2% 左右的年化收益。所以理财型保险的真实收益并不高。

理财型保险不但收益不高，其流动性还不好，当我们想要用钱时，很难把钱取回来。很多理财型保险，要近 10 年的时间才能回本。因此，普通家庭如果连基础的保障型的产品都没有，那么根本不适合购买这种类型的产品。大家想要投资，可以选择其他的工具。

那么我们到底该如何购买保险呢？首先，我们要找到专业人士。因为保险里面的水太深了，同类产品，相同的保额，同样的被保险人，不同公司的保险产品，保费一年可能相差好几千元。而专业的人士，最好是独立的理财师。注意：理财师是指真正独立理财师，而不是保险机构所谓的理财师。真正的理财师，应该对保险、股票、基金、黄金等都比较了解。真正的理财师，可以从整个家庭的角度来帮你规划保险。

如果你找不到这样的理财师，那么还可以考虑找保险经纪公司的保险经纪人。保险经纪公司可以代理多家公司的产品，他们至少可以为你从多家公司的保险产品中，挑选性价比比较高的产品。需要注意的是，保险经纪公司的代理人的手里只有保险这一种工具，可能会遇到什么问题都用保险来解决，最后让你买很多的保险产品。

最后，如果你连保险经纪人都找不到，就只能找单家保险公司的保险代理人了。单家保险公司的保险代理人，只能销售一家公司的产品，很难做到客观、中立。如果你对某一家公司很有好感，那么这种方法也是适合的。我从个人角度，并不推荐大家找单家公司的保险代理人做保险规划。因为，他们不会给客户多家公司的产品配置方案，从而让客户失去了选择的权利。

找到了专业人士，那么我们可以从哪些渠道来购买保险呢？接下来介绍保险的销售渠道都有哪些。

（1）银行销售渠道。不知道大家有没有听过银行存款变成保单的新闻。现在的银行就是一个金融超市，几乎常见的金融产品都有销售，保险也不例外。人们在银行也可以购买保险产品。

（2）电话销售渠道。销售人员销售产品的话术都是经过专业训练的。听起来很划算，但其实存在问题。目前还没有性价比比较高的电销保险，更多的是打着存钱的口号来销售的理财型保险。

（3）保险公司代理人渠道。这是常见的渠道，在此不再赘述。

（4）保险经纪公司渠道。最近这些年发展比较快，但是市场份额还不够大。不过在发达国家，大多数的保险是通过保险经纪公司渠道销售出去的。未来保险经纪公司，应该有比较大的发展空间。

（5）互联网保险销售渠道。现在的互联网保险，也就是传统的保险经纪渠道的互联网化，这几年同样发展非常快。在互联网时代，互联网保险没有线下销售成本，费率是最有优势的。现在很多互联网保险产品性价比都非常高，能够接受网购保险的人可以考虑。

总结一下，买保险千万不要被一些不良代理人所忽悠，要特别提防那种用各种语言引导我们买保险的代理人。买保险应该找到自己的需求和缺口（因人而异），所以最好找专业人士帮助。最好能够找到真正的理财师，帮你做规划和方案。

那么到哪里去找理财师呢？最好的方法就是找身边的朋友推荐。找不到理财师，也可以找保险经纪人。对于产品的销售渠道，目前来说，互联网保险产品是性价比比较高的，常见的互联网保险销售平台有：中民保险网、慧择保险网和小雨伞保险网。在购买保险之前，可以去这些网站上逛一下，找上面的同类产品，和你要买的产品对比一下，就知道你买的保险到底怎么样了。

四、如何对比两款保险产品

首先看保障内容。保障内容越多越好。我们以最复杂的重疾保险为例。比如一款产品保障 80 种重大疾病，而另一款产品保障 110 种重大疾病，那么肯定是保障 110 种的那款保险产品更好。除此之外，对于轻症的种类，也是保障得越多越好。另外，还有赔付次数，赔付次数越多越好。比如有的产品轻症赔付 2 次，而另外的产品赔付 3 次。那么肯定是赔付 3 次的会更好。总的来说，保障内容越多越好，赔付次数越多越好，理赔条件越宽松越好，投保条件越低越好。

其次看产品价格。有的保险产品，保障很丰富，赔付的次数也很多。但是一看保费，比同类产品高出一大截，这样的产品性价比低。我们要选择的是，在同等保障的情况下，价格越便宜的产品，也就是性价比高的产品。

最后看后期服务。很多人觉得大保险公司的服务就一定比小保险公司的服务好。其实大保险公司也有服务做得不好的，小保险公司也有服务做得好的。而购买保险，最关键的是，找到专业的服务人员。

无论我们通过哪个渠道来投保，都需要专业人士帮我们指导，专业人士不但会在投保的时候提供专业指导，还能在后期理赔上提供专业的指导。我们选择专业人士时，要选择从业时间久的、经验丰富的、客观专业的、口碑好的销售人员，千万不要选择只知道卖保险产品的销售人员。

【第十六天作业】

（1）坚持记账和储蓄；

（2）查看自己已经拥有的保险，看看是否有缺口，是否适合自己；

（3）尝试着给自己做一个家庭保险方案。参考寿险＋重疾＋意外＋医疗的组合。

第十七天

提前准备过冬的粮食

———————————————————○

主要内容包括：

➤ 一、需要多少养老金

➤ 二、如何给自己准备养老金

➤ 三、如何给孩子准备教育金

一、需要多少养老金

今天来聊聊和我们每个人都息息相关的问题，那就是养老金问题。对于养老金，不少人知道很重要，却不愿意去提前准备，总是觉得时间还很多。还有一些人认为，年轻的时候日子过得潇洒就好了，老了的事情谁知道。还有的人寄希望于养儿防老，或者靠国家的养老金来养老。对于有这些想法的人，我建议他们去看看《30 年后，你拿什么来养活自己》这本书。

这里不再赘述提前准备养老金的重要性。养老是我们每一个人的刚需，这是毋庸置疑的。但是，你知道自己需要准备多少养老金吗？下面就来计算一下：当我们老了，需要多少养老金？

由于每个人的年龄不同，选择退休的时间不同，对生活品质的要求也不一样，所以最后计算出的，需要多少养老金的数额肯定也是不一样的。在此我就以自己为例，来给大家分享一下，我们该怎么去计算自己需要多少养老金。

第一步，我们要确定自己退休的时间，或者财务自由的时间。当然，这个时间肯定是越早越好，有想 40 岁退休的，有想 50 岁的。我个人还是按照国家规定的 60 岁退休来计算。我 29 岁，还有 31 年的时间。

第二步，我们要确定退休后，需要养老的时间有多久。我特意在网上查了一下，找到一个 2016 年的数据，中国的人均寿命是 76.5 岁。也就是说，我们退休之后，还有 17 年的时间需要花钱。当然，我们这一代人的人均寿命肯定还会提高，也就是说等我们退休之后，需要养老的时间会更久。不过具体是多久，这是无法准确预测的，那么我们先按照目前的情况来计算。

第三步，我们再来看看自己每个月的开支。也就是说，你觉得退休之后每个月花多少钱，才能让自己过上满意的生活。由于每个人的想法、生活水平都不一样，这个数字是没有标准答案的。按照重庆现在的生活水平来说，我觉得每个月

1 万元的费用，生活质量应该很不错了。

但是这 1 万元是我们目前的生活费用开支。那么 31 年之后，一个月需要多少钱呢？这就需要把通货膨胀计算在内了。对于通货膨胀率，通常取 5%（这是根据过去几十年，国家的通货膨胀率计算的平均值）。

那么，我们可以通过复利计算（1.05 的 31 次方），得出现在的 1 万元相当于 31 年后的 4.538 万元。这只是一个月的开销，一年就要乘以 12，结果是 54.45 万元，17 年的时间就要 925 万元。并且，还要假设退休之后，我们投资赚到的收益，能够抵御那个时候的通胀。

真的是不算不知道，一算吓一跳。看来我也要准备近千万元的养老金，而且这只是我一个人的养老费用，还没有计算医疗费用的情况。再说年龄大了，医疗费用也是一笔不小的开支。

这样计算下来，不知道大家有什么感受？我决定立刻开始养老金的储蓄和准备。那么我们具体该怎么去准备呢？下一次课程将详细讲解。

二、如何给自己准备养老金

前面我们一起算了一下，当我们老了需要多少养老金。我以自己为例计算得出，当我老了需要 925 万元养老金。其实对一些在大城市生活的人来说，这些钱还不够。有了目标，我们就可以来思考怎么去准备养老金的问题了。

1. 社保

说到养老，大家首先想到的应该就是社保。社保是我们养老的基础保障，但只是靠社保养老金，还不能完全满足我们的养老资金需求，能够替代 50% 左右就很不错了。剩下的一半，还要我们自己去准备。当然，可能某些单位交的社保比例高，替代率会高一些，但这只是少部分人群，对大多数普通人来说，还要自己准备。

2. 储蓄

既然社保不能完全解决养老问题，那么我们自己存钱呢？如果只是采用存钱的方式，同样以我为例，需要准备 925 万元，然后用它除以 31 年的准备时间，再除以 12 个月，约等于 2.5 万元。也就是说，我需要从现在开始，每个月存 2.5 万元。目前重庆人均工资才 6 000 多元，想要月存 2.5 万元，这是很难做到的事情。并且，这还只是存下来作为养老金的钱，我们还有日常生活开支，还有其他的安排，所以一个月存 2.5 万元，对大多数人来说，肯定是不现实的。因此，单靠储蓄，这条路肯定行不通。

3. 养儿

养儿防老，是我们几千年的传统。从我们父母这一代人来看，我觉得养儿防老还是可以的，因为我肯定会赡养自己的父母。但是，到我们这一代人，可就不确定了。其实从我们这一代人开始，情况就已经发生了变化，我们基本上是独生子女。所以，我们这一代人是两个年轻人养 4 位老人。这比传统的几个兄弟姐妹养 2 个老人压力要大多了。在我们这一代人中，甚至出现了啃老族，大学毕业几年了，还在找父母拿钱用。等到我们老了，我们的孩子那一代人，可能又会有更多的变化和更大的压力，所以靠孩子来养老，是非常不确定的。

4. 股票

如果我们把所有的投资工具拿出来做一个长期收益的对比，就会发现股票是收益最高的。不过，直接参与股票市场的实际情况却是 7 亏 2 平 1 赚，大多数人是亏钱的。不仅如此，天天研究股票，还会浪费大量的时间。虽然股票是一个很好的投资工具，但是不适合大多数人。而我们想要靠炒股票来养老就更加不合适。我有一个亲戚，在 2015 年 3 000 多点的时候去抄底，入市的时候是 6 万多元，到 2018 年，只剩了 1 万多元。

5. 商保

社保满足不了，有的人会想到再补充一些商业养老保险。对于商业养老保险，前面也讲过，绝大部分收益不到 4%。长期来看，连通货膨胀都跑不赢，相当于我们白白借钱给保险公司去做投资。因此，我不建议大部分家庭购买这类商业养老保险。但对家庭经济条件好，有很多其他高风险投资安排的人，从资产配置的角度来说，也可以考虑买一些。

既然这些工具都不是好的选择，那么我们到底该如何准备养老金呢？

1. 核心地段的房子

毫无疑问，过去十几年，凡是买房子的人几乎都赚钱了。如果是我们父母这一代人，就靠房子来养老，是完全没有问题的。如果买房子买得早，有几套房子，把房子租出去，基本上就可以满足生活开支了。如果不考虑保留房子，那么还可以卖一套出去，生活应该过得很不错。但是，这只是过去和现在的情况，到我们这一代人还可以吗？我觉得对此应该画一个大大的问号。

归根结底，房子是用来住的。现在很多家庭都有几套房子，而等到父母那代人离开了，这些剩下的房子给谁住呢？现在大家都想买房子，到时候可能大家都想卖房子。不过即便如此，核心地段的房子，特别是对经济高速发展的国家来说，还是有价值的，至少可以租出去。如果我们拥有多套这样的核心地段的房子，那么靠着租金还是可以养老的。

2. 指数基金定投

养老金的储备，需要很长时间去准备。这个时间跨度，可能是 10 年、20 年甚至更长的时间。对于这么长的时间我们肯定要考虑通货膨胀，想要跑赢通货膨胀，就只能靠两类资产：一类是房产，另一类是股票。我们不能直接去投资股票（前面已经说了原因），却可以选择投资股票型基金，间接投资股票市场。股票型基金其实是买入的一篮子股票，比我们直接购买单只股票的风险会小很多。

股票型基金，按照投资的方式分类，可以分为主动型基金和被动型基金。这两种基金各有优势，不过对我个人而言，我会选择被动的指数基金来储备养老金。因为指数基金是跟踪对应的指数走势的基金，并且大部分的股票指数基金是长期上涨的。指数基金对基金经理要求不高。用适当的方法来投资指数基金，可以获取股票市场的平均收益。对于怎么选择指数基金，以及怎么投资，在后面的课程中会详细讲解。

三、如何给孩子准备教育金

和养老金储备一样，孩子教育金的储备也是需要我们家庭提前准备的长期投资安排。

那么孩子的教育金有什么特点呢？首先是持续时间长，从孩子上幼儿园开始，到大学毕业，持续近 20 年的时间。学费的支出基本上是两头多中间少，因为中间是义务教育阶段，开支相对少一些。不知道大家有没有去了解，幼儿阶段花费并不便宜，如果再加上各种培训班的费用，开支就更大了。当然，学费支出最大的，还是大学期间。目前国内的大学一年的学费将近一万元，一些艺术类的专业不止这些费用。如果再算上生活费用，那么将是一笔不小的数目。另外，如果考虑送孩子出国读书，开支就会更大。

孩子的教育开支不但持续时间长，而且没有时间弹性。孩子到了一定的年龄就要上学，不可能等我们把钱赚够了，孩子再去上学。不过在孩子小的时候，比如上幼儿园的费用，由于时间很短，很多家长可能还没有反应过来，也就没有提前准备。义务教育阶段开支相对较少，不需要额外准备。而对于孩子的大学教育费用，我们是可以提前准备的。

一说到给孩子准备教育金，很多家长只知道通过买教育保险的方式来给孩子存教育金。因为很多保险产品都是打着教育金的口号来宣传的。由于我从事理财行业的原因，经常有朋友把自己签订的保险合同发给我看，让我帮忙做个保单检视。因此，我也见到了不少国内的所谓的孩子的教育金保险。我特意测算过，目前这些教育金保险的收益都不高，有的产品甚至连余额宝的收益都比不上。甚至，有一些人被忽悠，给孩子买的是终身寿险，根本就不是教育金保险。关键是代理人还告诉他：这个保险以后是可以给孩子做教育金用的。对于这样的情况，我是真的无能为力了。当然，这也是我这些年一直坚持做理财科普的原因之一。

那么，用保险来给孩子准备教育金靠谱吗？用保险来储蓄教育金，有自己的优势，那就是确定性和强制性。一般来说，纯投资型的分红保险每年会有固定返还，外加分红。每年的固定返还是我们确定能够得到的。还有一些产品有豁免功能，如果父母在缴费期间出现意外，剩下的保费由保险公司代缴，就能够保证储蓄计划最终能够实现，这是保险的确定性。

强制性，就是一旦确定投保，就要坚持缴费，如果不缴费，那么保险会失效，这对我们来说损失是巨大的。这样设计能够督促那些不能存钱的人，做强制储蓄。而在另一面，这样的保险产品也有很大的缺点，那就是收益偏低。前面讲过，我们测算出来的实际收益，可能还没有余额宝的收益高。这样的收益是很难跑赢通货膨胀的。过去几十年，我们国内的通货膨胀的平均水平至少为5%。从这个角度来看，通过分红保险来给孩子准备教育金，并不是一个好的选择。

银行储蓄跑不赢通货膨胀，分红保险也跑不赢通货膨胀，那么我们该选择什么工具呢？其实和养老金储备计划一样，我们同样也可以用核心地段的房子＋指数基金定投来给孩子准备教育金。同样，具体的操作内容，在后面会详细讲解。

【第十七天作业】

（1）坚持记账和储蓄；

（2）根据课程内容，计算自己的养老金缺口。

第十八天

指数基金投资实操（1）

主要内容包括：

➤ 一、投资基金安全吗

➤ 二、指数的分类

➤ 三、指数基金的优势

➤ 四、如何选择指数基金

一、投资基金安全吗

从今天开始，开始讲解指数基金的投资。大家做投资最关心的问题，应该就是投资的产品是否安全。那么基金安全吗？我先给出答案：安全。特别是公募基金。相对而言，私募基金的安全性会低一些，曾经有私募基金"跑路"和失联的情况。但是私募基金不能公开募集，而且有 100 万元的起投门槛，因此对大多数投资者来说，接触到的都是公募基金。那么对于私募基金，暂时放在一边，下面来分析，为什么说公募基金是安全的。

基金是由基金公司发行的一种投资产品，而成立基金公司需要有基金牌照的。要知道公募基金牌照可是不好拿到的，截至 2020 年 3 月，国内的公募基金公司只有 143 家。监管部门对成立基金公司的机构和个人的要求都很高。

比如监管要求，成立公募基金公司，注册资金不低于 1 个亿，而且必须是实缴。如果是机构或者法人成立基金公司，那么要求成立基金公司的法人或者机构的净资产不低于 2 亿元（未来有可能条件还会提高）。现在还有几十家机构在排队等着拿基金牌照。所以，真不是有钱就能够开办基金公司。单是基金公司的牌照就非常值钱，能够拿到公募基金牌照的公司，其实实力都是非常强大的。

另外，再来看看基金的产品架构。基金是一种非常成熟的投资工具，它的设计框架也非常完善。我们投资基金的钱，并不是给基金公司，而是在第三方托管机构（通常是银行）托管起来，并且托管机构要对基金的投资进行监督和负责定期核算。基金公司可以用我们的钱去投资，但是不能挪用我们的资金。这样，即使基金公司运营不下去倒闭了，我们投资基金的钱也还在。事实上，基金公司是收取管理费的，无论市场是上涨还是下跌它都赚钱，很少出现公募基金公司倒闭的情况。

除此之外，基金从发行、募集、销售、信息公布到清盘，每个环节都有严格监管。基金公司不能随意发行基金，而且有牌照的机构才能销售，基金的信息需要定期公开，即使基金运作不下去，要清盘也是有对应的标准的。对于具体的监管细则，这里不展开讲解，大家知道基金是受到严格监管的金融产品就行。

讲到这里，有的读者会有疑惑：既然基金这个工具监管这么严格，那么为什么还是有很多人买基金亏钱呢？买基金亏钱，不是基金这个产品的架构导致的，而是源自基金所投资的标的下跌或者亏损。比如，债券型基金投资的是债券，万一发行债券的公司倒闭了，债券还不了钱了，那么这个基金肯定就会有亏损。再比如，投资的公司股票，市场行情不好或者公司运营出了状况，股票价格一路下跌，那么这只基金也会跟着亏钱。

因此，投资基金是需要技巧的。需要我们挑选适合的基金，采用恰当的方式，再投资一定的时间，才有可能在基金投资上赚到钱。从今天开始，会详细讲解指数基金的挑选方法、投资方式，以及预期的投资时间。

如何分辨指数基金和主动管理型基金

做基金投资久了，慢慢地会积累很多的投资经验。比如，我们可以根据一只基金的名称大致读懂这是一只怎样的基金。一般来说，基金的名称组成分为如下几个部分。

第一部分，是基金公司的名称。截至 2020 年 3 月，国内一共有 143 家公募基金公司。每一家基金公司都会发行基金产品，而每家公司发行的基金都是以基金公司的名称作为开头的。比如天弘基金公司发行的基金，基金的名称就是天弘×××。华夏基金公司发行的基金，基金的名称就是华夏 ×××。博时基金公司发行的基金，基金的名称就是博时 ×××。所以，我们一看基金的名称就知道这只基金是哪一家公司发行的。

第二部分，是基金的投资策略、特点、风格或者方向的表述。比如稳健增值、中小盘、成长、沪深 300 等。不过，我们不能只看这些内容就盲目地决定投资，因为有可能这只基金的投资策略与它的名称是完全不同的。我就知道有的基金，名称是 ×× 中小盘，但实际上这只基金投资的全部都是大盘蓝筹股。不过，我们依然可以通过看基金名称的这部分内容，来大概确定基金的投资策略和风格。

第三部分，是基金属性类型的表述。比如货币，说明这是货币基金。如果是债券，就说明这是债券基金。如果混合，就说明这是一只混合基金。如果是指数，那么说明这是一只指数基金。通过看这部分的内容就可以知道，这是一只什么类型的基金。另外，很多人不知道怎么区分基金是指数基金还是主动管理型基金。其实就是从这部分看出来的，如果这部分是 ×× 指数、ETF 链接，那么这只基金肯定就是指数基金。如果是 ×× 混合、×× 股票，那么肯定就是主动管理型基金。

第四部分，是英文字母 A、B、C，其一般代表基金的收费方式或者不同的分类。我们可以从这些字母来读懂基金的收费方式，那么具体这些字母都代表什么呢？如果是货币基金的 A 类、B 类、C 类，那么是针对不同的起投门槛的。

一般 A 类货币基金是低门槛的，100 元甚至 1 元就可以投。

B 类货币基金是有 50 万元的起投门槛的。一般来说，门槛越高，收取的费率也就越低。

C 类货币基金，也是高门槛的，但是是通过指定渠道来销售的。当然，货币基金后面还有 D 类、E 类、H 类甚至 I 类。这些一般是针对特定的渠道销售而命名的。H 类的货币基金主要是指在交易所上市交易的货币基金。

对于股票基金或者债券基金，A 类、B 类、C 类则代表不同的收费方式。A 类是指前端收费的，B 类是后端收费的，C 类是不收取申购费的。但无论是 A 类、B 类还是 C 类，它们都是一只基金，只是申购费的收费方式不同而已。对于分级基金，A 类、B 类则代表不同的子基金类型。A 类是低风险、追求固定收益的子基金。B 类是高风险、找 A 类借钱来投资的子基金。可见，不同类型的基金，其名称末尾的字母代表不同的意思。

理论科普完成，接下来我们找两只基金作为例子帮助大家理解。比如，博时沪深 300 指数 C。从基金的名称中可以知道，这是博时基金公司发行的，跟踪沪深 300 指的一只指数基金（基金名称中就有"指数"）。这只基金在申购的时候是不收取申购费的，但是会收取销售服务费（因为这是 C 类基金）。当然，并不是所有的基金名称都一定会包含这 4 部分。很多基金名称可能只有其中的 3 部分。

比如，华安媒体互联网混合。从该基金名称中，我们可以知道，这是华安基金公司发行的主要投资媒体和互联网行业的混合基金。但是对于它的收费方式，我们并不知道。因为名称中有"混合"，所以这是一只主动管理型基金。

最后要提醒大家，通过基金的名称可以初步地了解这只基金的情况，但是具体要不要投资，还需要进一步地研究和分析，大家千万不要仅看名字就盲目地投资。

基金的各种费用

我们投资基金相当于把钱给专业的基金公司，让基金公司的基金经理帮我们去做投资。既然是请人帮我们做投资，那么我们就要付出一些费用。投资基金的费用有：认购费或者申购费、管理费、托管费、销售服务费以及赎回费。

对于一只新发行的基金，如果在募集期我们就去买，那么这时是认购基金，收取的也就是认购费。一般股票型基金和混合型基金的认购费是 1.2% 或者 1.5%，债券型基金的认购费是 0.8%，货币型基金没有认购费。通常在新基金发行时我们就去认购，是没有认购费的折扣优惠的。

对于开放式基金，在进入了开放期之后，也是可以购买的，这时就是申购基金了，收取的是申购费。通常申购费和认购费的费率是一样的，但是有的平台会有申购费的折扣，可能会打 5 折，甚至有的平台会打一折。

认购费和申购费是我们在买基金时收取的费用。而在基金的运作过程中，也会收取管理费和托管费。管理费是基金公司收取的，托管费是托管机构收取的。通常来说，股票型基金和混合型基金的管理费最高的在 1%~1.5%，托管费一般在 0.2%~0.3%，而指数基金和债券基金的管理费和托管费要低一些。不过，每一只基金的收费都是不一样的，我们需要在基金销售软件（比如天天基金网、支付宝蚂蚁财富、晨星基金网、蛋卷基金等）中查看基金的收费介绍。管理费和托管费是基金公司每天扣除的，我们每天所看到的基金净值已经是除去了管理费和托管费后的数值。所以我们平时是察觉不到基金的管理费和托管费的。

另外，还有销售服务费。当然并非所有的基金都有销售服务费，只有 C 类基金，也就是没有收取申购费的基金，才会专门收取销售服务费。销售服务费与管理费和托管费一样，每日收取，直接扣除。对于应该选择 A 类基金还是 C 类基金，在后面"主动管理型基金"那部分内容会进行详细讲解。

最后，我们赎回基金时，会被缴纳赎回费。特别是那种短线买卖基金，比如买入基金不到 7 天就卖出基金，就会被迫缴纳 1.5% 的惩罚性赎回费。基金公司为了鼓励投资者长期投资基金，一般持有基金的时间越久，赎回费也就越低。很多基金都是持有超过 2 年赎回，就不再收取赎回费了。想要节约费用成本，就要坚持长期投资，尽量不要做短期的基金投资。

二、指数的分类

学习了基金有关的基础知识，就可以开始学习指数基金的投资方法了。不过在这之前，我们还要对指数基金有更加全面的了解。所谓指数基金是跟踪对应指数走势的一类基金，就是说，要先有了指数才会有对应的指数基金。所以我们在学习指数基金之前，应该先来了解指数。看看指数都有哪些类别，以及它们都是怎么产生的。

按照资产类别来分类

前面讲基金时，说到基金就好像一个水杯，在里面装不同的东西，就会表现出不同的特性。同样，指数也是如此，不同的指数跟踪不同的标的，所展现出来的特性完全不同。因此，首先按照跟踪标的来分类（也就是根据资产类别来分类），我们可以把指数分为如下几种。

股票指数：我们平时听说的定投指数基金，通常就是指定投股票型指数基金。比如沪深 300 指数、上证 50 指数、创业板指数等，所有跟踪股票市场的指数都是股票指数。而跟踪这些指数的基金，就是股票型指数基金。股票型指数基金是我们投资指数基金的重头戏。接下来要讲的根据选样标准来分类的内容，也都是在股票指数中再细分的分类方式。

债券指数：反映债券市场价格总体走势的指数。目前国内有债券 ETF，跟踪的标的有 10 年期国债、5 年期国债及城投债等，但是整体规模比较小，场内的流动性不足。

商品指数：跟踪同质化可交易的商品的价格走势。比如黄金、原油、白银等，对应的指数基金就有黄金 ETF、白银 LOF、石油 LOF 商品指数基金。

海外指数：跟踪主要海外股票市场的指数。比如跟踪美国股市的标普 500 指数、纳斯达克指数等，同样也会有对应的指数基金。

按照选样标准来分类

在所有的指数基金中，我们接触最多的，就是股票型指数基金。前面讲过，股票型指数基金都是跟踪对应的股票指数的基金。其实股票型指数基金还可以进行细分，大家听得最多的就是宽基指数和窄基指数。

（1）宽基指数，没有限定特定的范围，从整个市场来选择投资标的，比如沪深 300 指数、中证 500 指数等，都是宽基指数。

（2）窄基指数，限定了选股范围，从特定的范围内来选择投资标的，比如行业指数、主题指数等。

不过这种分类方式比较笼统。可以更加细分，将股票指数分为如下几种。

（1）综合指数：反映整个市场所有股票的整体走势，比如上证综指、深圳综指、创业板综指等。

（2）规模指数：根据股票市值来选择成分股，对应的指数反映同等量规模公司股票的价格走势。比如沪深 300 指数，反映沪深两市市值规模前 300 只股票的价格走势。中证 500 指数，反映沪深两市市值排名前 301~800 的公司股票的价格走势。

（3）风格指数：根据股票的风格和特征，通常将股票分为成长和价值两种风格。还可以进一步细分，分为大盘成长、大盘价值、小盘成长、小盘价值等。

（4）行业指数：根据公司的主营业务进行分类，表现一个行业的股票走势，比如消费行业、金融行业、医药行业、能源行业等。

（5）主题指数：将经济的长期发展趋势作为股票的选择标准，并将受益的相关产业和上市公司纳入投资标的，比如环保指数、养老指数、一带一路指数等。

（6）策略指数：采用各种加权方式，比如基本面加权、波动率加权、固定权重加权等；比如基本面指数、沪深 300 低波动指数、红利指数等。

按照编制机构来分类

投资选择的指数，其实都是由对应的机构和公司制定的。目前国内开发指数的机构主要有两类，一类是证券交易所，另一类是指数公司（其实指数公司也是证券交易所投资的）。

上海证券交易所发布的指数，也就是上证系列指数，比如上证综指、上证 50 等。不过，由上海证券交易所编制的指数，只包含在上海证券交易所上市的公司股票，不包含在深圳证券交易所上市的公司股票。

深圳证券交易所发布的指数，也就是深证系列指数，比如深成指、创业板综合指数等。同样，这个系列的指数也是只包含在深圳证券交易所上市的公司股票，不包含在上海证券交易所上市的公司股票。

那么，有没有同时包含了在上海证券交易所上市的公司股票，也包含了在深圳证券交易所上市的公司股票的指数呢？有的。那就是中证系列指数，其是由中证指数有限公司编制的。中证指数有限公司，是上海证券交易所和深圳证券交易所投资的专门做指数编制的公司。常见的沪深 300 指数、中证 500 指数都是由它编制的。

除此之外，还有一些海外的指数公司。比如标普公司、道琼斯指数公司、摩根士丹利等。而国内的指数公司也是在发展中，比如香港证券交易所和上交所、深交所联合成立的中华证券交易有限服务公司，也在推出中华系列指数。

有了这些指数后，基金公司就可以从这些指数中挑选一些他们认为有市场前景的指数来成立指数基金。而有的指数会比较受欢迎，很多家公募基金公司都会发行跟踪同样一只指数的基金。所以，我们在基金销售平台上搜索一只指数的关键词，比如沪深 300，有时会看到很多只沪深 300 指数基金。

常见的指数

我们做指数基金投资，会经常遇到沪深 300 指数、中证 500 指数、创业板指数。那么，这些指数都是怎么编制的呢？它们具体投资的都是哪些公司的股票呢？

1. 沪深 300 指数

沪深 300 指数，选择在上海证券交易所和深圳证券交易所中市值最大、流动性最好的 300 家公司的股票。从市值规模来看，沪深 300 指数占国内股市的 60% 的市值。我们经常听说沪深 300 指数，这是因为它基本上涵盖了国内的所有大公司股票，并且包含了国内两大证券交易所的股票。不像上证 50 指数那样，只是包含了在上海证券交易所上市的公司股票。

说到这里，再来说说，我们怎样从指数的名称去看懂一个指数。比如沪深 300，前面的"沪"就代表上海证券交易所，"深"就代表深圳证券交易所，300 则代表有 300 只股票。同理，上证 50 指数包含了在上海证券交易所上市的 50 只市值最大、流动性最好的公司股票。

目前跟踪沪深 300 指数的基金有很多，几乎主流的基金公司都会推出跟踪沪深 300 指数的基金。所以，经常有人去搜索"沪深 300"关键词，然后看到很多只跟踪沪深 300 指数的基金，但是不知道选择哪一只。其实这些基金跟踪的是同一只指数（沪深 300 指数），本质上来说它们都是一样的，只是由不同的基金公司推出的而已，在规模、跟踪误差、费率上会有一些细微的差别，其他的都是一样的。

2. 中证 500 指数

中证 500 指数，是除沪深 300 指数的这些大公司股票外，在剩余的公司中选择市值排名靠前的 500 家公司的股票，组成的一个指数。中证 500 指数能够代表国内股票市场中小型企业的整体股价走势。

沪深 300 指数投资的是国内股票市场的大公司的股票，而中证 500 指数投资的是国内中小规模公司的股票。正是因为这样，这两个指数可以搭配起来投资，构建一个基金投资的组合。因为这两只指数加起来，就基本上涵盖国内绝大部分的股票市场了。

3. 创业板指数

创业板是在深圳证券交易所市场下面，专门为一些中小企业上市融资开立的一个板块（俗称二板市场，另外，上海证券交易市场下面也开通了一个科创板）。创业板对于上市企业的要求，没有主板市场那么高。也正是因为这样，投资创业板股票的风险要比投资主板市场股票的风险更大一些。

创业板指数，是选择创业板中规模最大、流动性最好的 100 只公司的股票构成的一个指数。它能够基本反映出创业板的股价的整体走势。由于创业板本身的特性，创业板指数的估值要比主板高很多，而且波动性更强，经常大起大落。不过对于做指数基金定投的投资者来说，是非常不错的标的。因为波动越大，长期定投的收益会更高。

前面讲到了指数的分类，我们知道，通过不同的编制策略，可以编制出各种各样的指数。现在指数已经有很多了，未来还会有更多的指数，这里就不一一分析了。

三、指数基金的优势

因为指数基金只需要跟踪对应指数的走势，不需要主动调仓去适应市场，所以指数基金也被称为被动投资类基金。与之对应的，还有主动管理型基金。主动管理型基金就需要基金经理主动调仓管理。后面也会详细讲解主动管理型基金，下面先来讲解被动投资类的指数基金都有哪些优势。

1. 指数基金生命力强

一家公司会有巅峰，也会有低谷，甚至有的公司会跟不上历史的潮流，而被淘汰掉。比如柯达，被数码相机和手机拍照取代。如果我们买入一家这样公司的股票，那么结果肯定是亏得很惨，但是指数基金不一样。因为指数是有挑选规则的，当一家公司的状况不满足挑选规则之后，就会被清理出去，而会有新的满足规则的公司加入进来。这样就能够保障我们买到的指数能够一直存在下去。

2. 指数基金大概率能长期上涨

买指数基金（股票型指数基金），其实就相当于买国运。只要国家的经济一直是向前发展的，那么对应的指数就会跟着经济发展，缓慢上涨。有可能中间会有剧烈的波动，但最终的走势肯定会是一个缓慢上涨的曲线。而各个国家的股票指数，几乎都是这样的历史走势。无论是中国股市，还是美国股市，都是一样的。所以，虽然指数基金会有短期的波动，但是长期来看，肯定是缓慢上涨的（当然也不排除个别指数长期不涨甚至下跌，这也正是需要我们去学习指数基金投资的原因）。

3. 指数基金成本较低

相比较于主动型基金，被动的指数基金费率更低。因为指数基金不需要基金公司和基金经理的主动管理，只需要跟踪对应的指数就可以，所以管理难度较低（挑选指数基金，不用去看基金经理的历史业绩）。通常主动型基金的管理费为1.5%，而指数基金的平均管理费在0.69%左右，有的指数基金甚至能够做到0.5%以下。不仅是管理费，还有托管费和申购费，与主动管理型基金比起来，被动的指数基金的费率都会更低。

4. 避免单只股票的"黑天鹅"事件

提起单一股票的黑天鹅事件，比如三聚氰胺事件，直接导致三鹿奶粉倒闭。还有一些公司，可能有内幕交易、法律官司等，这些"黑天鹅"事件会导致股价的剧烈波动。如果我们不小心投资了这些股票，那么就会导致损失惨重。而投资指数基金，同时持有几十家甚至几百家公司的股票，投资会比较分散，即使其中一家公司有问题，但是由于占比很低，对整体而言也没有什么影响。因此我们根本不用担心这个问题。

其实投资指数基金，就好像我们投资了一家永远不会倒闭，大概率能长期上涨，各种开支比较低，还能避免各种"黑天鹅"事件的巨型公司。那么有这么好的公司（这么好的投资标的），我们为什么不去投资呢？

当然指数基金再好，也是需要一定的投资方法的。如果方法不对，同样很难赚到钱。那么我们该怎样投资指数基金呢（特别是股票型指数基金，波动巨大，方法不对很容易导致亏损）？

四、如何选择指数基金

前面介绍了指数的分类，指数有很多种，同样指数基金也有很多种。这里主要讨论股票型指数基金的选择方法。选择股票型指数型基金可以分为如下两步：第一步，选择低估的股票指数；第二步，从跟踪这个指数的基金中选择最优的一只基金。

那么如何选择低估的指数呢？

股票指数是由很多家上市公司的股票组成（一篮子股票）的，就像一家巨型联合企业。我们可以把股票指数看成一家巨型的上市公司，这样就可以用分析一家上市公司的方法来分析一只股票指数了。在分析上市公司估值的时候，最常用到的两个指标是市盈率（PE）和市净率（PB）。

1. 市盈率（PE）

市盈率是上市公司每股股价和每股利润的比值，也可以是整个公司的市值和公司总利润的比值。它反映了投资者投资这家公司多久能靠盈利赚回本金。如果是 10 倍市盈率，那么我们单靠公司盈利需要 10 年的时间才可以收回本金。

为了方便大家理解，举例来讲。小胡开了一家重庆小面馆，市场估价为 20 万元，这家小面馆一年可以赚 5 万元净利润。也就是说，如果按照市场价值，花 20 万元买下这家小面馆，那么需要 4 年的时间才能靠盈利收回本金。如果把小面馆看成上市公司，那么这家小面馆的市盈率就是 4 倍。市盈率这个指标越低，代表我们收回本金的时间越短。我们自然希望越快收回投资成本越好，所以市盈率越低越好。市盈率越低，说明公司的估值越低。

2. 市净率（PB）

市净率是上市公司每股股价和每股净资产的比值，也可以是整个公司的市值和公司净资产的比值。它反映了投资者以公司净资产的多少倍去投资这家公司。

如果是 2 倍的市净率，就表示我们花了公司净资产的 2 倍价格去买了这家公司的股票。

还是以小胡的重庆小面馆为例，假设现在这家小面馆的净资产是 10 万元，而市场对这家小面馆的估价是 20 万元，那么这时市净率也就是 2 倍。如果市场对这家小面馆的估价是 10 万元，那么这时市净率就是 1 倍。也就是说，市净率也是越低越好，市净率越低，说明公司的估值越低。

市盈率和市净率不是一成不变的，它们都会随着股票市场而上下波动。在大家都一致看好股市未来会上涨的时候，人们往往会花更高的价格去买上市公司的股票。一般来说，公司的盈利和净资产很难在短时间内有快速的增加。也就是说短期内公司的股价上涨了，公司的市盈率和市净率也会上升，公司的估值也就会升高。反过来，如果大家都不看好股市，人们都卖出上市公司股票，那么这时公司的股价也会下跌，同样短期内公司盈利和净资产很难改变，公司的市盈率和市净率也会降低，公司的估值也就会下降。

我们回看股票市场会发现，股票市场基本上在极度看好和极度不看好之间不断地来回切换。所以股票市场的估值也是不断地在上升和下降。作为一名聪明的投资者，应该知道在上市公司估值低的时候，也就是在市盈率和市净率都低的时候去投资。因为估值低（价格便宜），未来大概率是会上涨的，而我们投资也就是要选择做大概率的事情。既然市盈率和市净率都是越低越好，那么要低到多低，才算是低呢？我们如何判断指数的市盈率和市净率是高还是低呢？这时我们还需要学习新的概念，即市盈率和市净率的历史百分位。

市盈率的历史百分位，也就是将历史上出现的市盈率进行排名，如果现在的市盈率排在了 100% 的位置，就说明现在的市盈率比历史上所有的市盈率都要高。前面讲了，市盈率越低越好，而现在的市盈率比历史上所有的市盈率都要高，说明现在这个市盈率处于高估的状态。

反过来，假设现在的市盈率排在了 10% 的位置，也就是说，现在的市盈率只比历史上 10% 的市盈率高，比 90% 的市盈率低，那么这时的市盈率就处于低估的状态。所以，市盈率的历史百分位也是越低越好。这里讲的是市盈率的历史百分位，而市净率的历史百分位同理。

如何查看市盈率、市净率和历史百分位呢？

现在我们知道，判断一个股票指数是处于高估还是低估，要去看它们的市盈率、市净率以及市盈率历史百分位和市净率历史百分位。有的读者对此会有疑问："一家公司的市盈率和市净率，我还可以通过炒股软件去查看，但是股票指数是由多家公司组成的，我要把每一家公司的市盈率、市净率都查出来，再按照指数的加权方式去计算吗？"完全不用。我们只需要学会如何去查询就可以。

可以通过编制指数的机构的官网来查询指数的各种数据，比如对于沪深300指数，就可以在中证指数有限公司的官网去查看。在浏览器上搜索关键词"中证指数有限公司"，进入官网。在中证指数有限公司官网首页的搜索框中搜索关键词"沪深300"，就可以看到有关沪深300的所有指数，点击"沪深300指数"，就可以查看指数的各种数据。

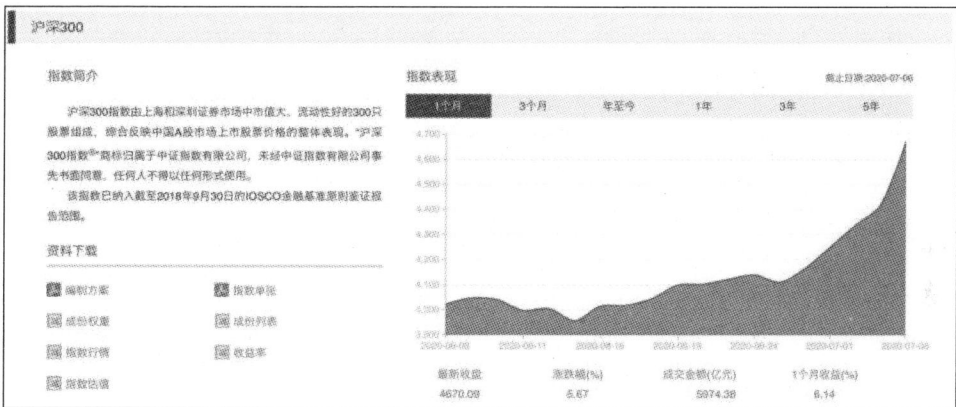

除此之外，还可以通过一些基金销售网站或者手机客户端来查看指数的各种数据，比如天天基金网、蛋卷基金等。

接下来以天天基金网为例，讲解怎样查看指数的市盈率、市净率、历史百分位等各种数据。

进入天天基金网手机客户端，在首页可以看到"指数宝"这个选项。

点击进入"指数宝"这个板块，会看到"低估榜单""指数排行""定投榜单""情绪投资"等选项。这里选择"低估榜单"。

点击进入，就可以查看指数的各种数据。

另外，对于盈利稳定的指数，主要用市盈率这个指标来判断指数是不是低估的。而对于盈利不稳定的指数或者周期性的行业，比如银行、证券行业，主要用市净率这个指标来进行判断。哪些行业适合用市盈率来判断，哪些行业适合用市净率来判断，天天基金网的"指数宝"已经进行了区分，不需要投资者再去研究，投资者只需要学会查看指标就可以。

如何选择指数基金呢？

通过查看指数的各种数据，我们可以选择自己看好的处于低估区域的指数。但是选择指数只是第一步，选好指数之后，还要选择对应的指数基金。同样的一只指数，可能有几十只指数基金。它们是不同基金公司发行的，虽然都是跟踪的同一只指数，但是在跟踪误差上，每一只指数基金会有一些差异。那么我们到底该选择哪一只指数基金呢？选择指数基金的方式和选择主动管理型基金的方式不一样。对于主动管理型基金更多的是看基金公司和基金经理的能力，而对于指数型基金主要看如下 3 个方面。

首先，看跟踪误差。既然选择投资对应的指数，那么肯定是跟踪指数的误差越小越好。怎么去看指数基金的跟踪误差呢？基金的跟踪误差，在天天基金网的手机 App 或者网站上都可以查看。下图所示为天天基金网网站的截图。

博时沪深300指数A(050002)

净值估算2020-03-09 10:20	单位净值 (2020-03-06)	累计净值
1.5317 ⬇ -0.0339 -2.17%	**1.5656** -1.58%	**3.5784**
近1月：5.58%	近3月：5.68%	近6月：4.63%
近1年：10.45%	近3年：28.41%	成立来：410.19%

基金类型：股票指数｜高风险	基金规模：63.38亿元（2019-12-31）	基金经理：桂征辉
成立日：2003-08-26	管理人：博时基金	基金评级：暂无评级
跟踪标的：沪深300指数｜跟踪误差：0.11%		

其次，看基金的规模。有的指数基金的规模比较小，可能只有几千万元，这样的指数基金会有清盘的风险。另外，如果我们是在场内购买基金，规模小的指数基金成交量较低，那么在卖出的时候，可能没有买家，导致卖不出去。所以我们应该选择规模大一些的指数基金，一般建议选择规模上亿元的指数基金。

最后，看指数基金的费用。不同的基金公司发行的指数基金，认购费、申购费、管理费、托管费和赎回费都是不一样的。在相同的规模和跟踪能力的情况下，自然是选择费率更低的基金进行投资更加划算。

　　总结一下，选择股票型指数基金的步骤分为两步：第一步，选择指数，我们要选择处于市场低估的指数。第二步，选择跟踪这只指数的基金，我们要选择跟踪误差小、规模大、费用低的指数基金进行投资。

【第十八天作业】

（1）坚持记账和储蓄；

（2）在基金销售平台上挑选 6 只跟踪不同指数的基金，添加到自选当中。

第十九天

指数基金投资实操（2）

主要内容包括：

➤ 一、哪里买基金最划算

➤ 二、为什么要定投

➤ 三、指数基金的定投方法

一、哪里买基金最划算

知道了怎样挑选指数基金之后，我们要考虑如何进行投资的实操话题。"工欲善其事，必先利其器"，首先我们要选择一个适合自己的平台去买卖基金。下面就来梳理一下常见的基金销售渠道，分析它们的优劣势。

1. 银行销售渠道

我最开始听到"基金"这个词的时候，就是在银行里面。那时，我还在上中学，跟父亲去银行存钱，看到银行里面有基金定投的宣传单，说一个月存几百元钱，十几年后就可以有一大笔钱，当时很是心动。不过，那时并没有钱去投资，所以后来就不了了之了。

现在的银行，其实就相当于一个金融百货超市，除传统的存贷业务外，还有保险、基金、信托、银行理财产品等都在销售。而我们买基金，也可以通过银行渠道来完成。

虽然在大多数老百姓心中，银行很有地位，并且觉得银行安全，都喜欢去银行面对面地办理业务，但是通常在银行买基金，并没有申购费的费率优惠。当然对于未来银行会不会改革，往互联网方向发展，主动降低基金的申购费用，就不得而知了。

2. 基金公司官网

除了银行，还可以通过基金公司渠道，比如一些基金公司的官网，来买卖基金。不过在基金公司官网购买基金，只能购买这一家基金公司的基金，而且在某些基金公司官网购买基金，也没有申购费的费率优惠。不过，在其他渠道买到的基金，最终都可以在基金公司的官网查询得到。另外，基金有关的最新信息，也都会在基金公司官网公布。

3. 第三方基金销售平台

近年来随着互联网的发展，第三方独立基金销售平台发展迅速，常见的有：天天基金网、蚂蚁财富、蛋卷基金、微信理财通等。那么第三方基金销售平台到底如何呢？

首先，第三方基金销售平台种类齐全。我们可以在第三方基金销售平台买到各家基金公司的基金产品。

其次，目前各大第三方基金销售平台都有申购费率的折扣，很多平台都打一折。

最后，第三方基金销售平台用户体验通常比较好。

4. 股票账户渠道

可能很多人还不知道，其实利用股票账户不仅可以买股票，还可以购买基金以及各种券商资管产品。证券公司和银行一样，也是一个金融百货超市。那么我们利用股票账户买基金又有哪些好处呢？

前面讲到基金的分类，基金按照交易的场所可以分为场内基金和场外基金。通过股票账户可以买到场外基金，也可以买到场内基金。而购买场内基金，是按照买卖股票的费率来计算的，现在有的券商可以做到万分之2.5，甚至更低的费率，再加上有的券商还可以免收基金的5元门槛费。所以如果我们用大额资金买基金，利用股票账户买场内基金，费率会更低。只是每一次买基金都需要我们自己操作，不能够设置定投，让软件帮我们定期扣款。

除此之外，近两年又出现了一个新的购买基金的渠道，那就是在第三方基金销售平台上再升级出来的智能投顾平台。智能投顾平台更多的是直接提供一个组合或者策略，我们相当于购买了一个 FOF 基金。这里暂时不做讨论，大家了解一下即可。

最后总结一下，基金销售的4个渠道，分别是银行销售渠道、基金公司官网、第三方基金销售平台和股票账户渠道。无论我们通过哪一个渠道买基金，都是安全的。只是通过不同的渠道买基金，服务、用户体验和费用会有一些差异。大家可以根据自己的需要，选择适合自己的平台购买基金。就我个人而言，是通过第三方基金销售平台和股票账户渠道来买基金的。

二、为什么要定投

我们在讲基金的时候，经常会听到基金定投这个概念，不过并不是所有的基金都适合用定投的方式来投资。比如前面讲到的货币基金和债券基金，它们基本上没有太大的波动，直接单笔投资就可以。需要我们做定投的，是股票型基金。股票指数基金也是股票型基金的一种，所以也可以用定投的方式来投资。那么，定投到底有什么好处呢？我们为什么要选择定投呢？

1. 股市波动巨大，定投不用去预测市场走势

长期来看，股票市场是缓慢上涨的，但是短期来看，股票市场是波动巨大的。A 股一天最多可能涨跌 10%，而国外的股票，比如美股，没有设置涨跌限制，一天可能涨跌百分之几十。对普通投资者来说，没有那么多的时间来判断股市的涨跌。事实上，很多专业投资者，也没有办法准确判断股市短期的涨跌。而我们选择定投，就不用去在意市场短期的波动，只需要判断股市大的趋势就可以。在市场处于低位（指数低估）的时候开始定投，在股市处于高位（指数高估）的时候卖出。这就是定投的好处之一，不用判断市场短期走势，降低了投资的困难程度，适合大多数人。

2. 定投能够平均投资成本

我们无法判断短期市场的走势，它有可能上涨，也有可能下跌，当然最常见的就是上下来回波动。而在波动的过程中，如果我们运用定投的方式来投资（每次定投的钱是固定的），那么在市场上涨的时候，买到的份额就会少一些，在市场下跌的时候，买到的份额就会多一些。这样能够保证我们买基金的成本是相对平均的。下面来看一个实际的例子。

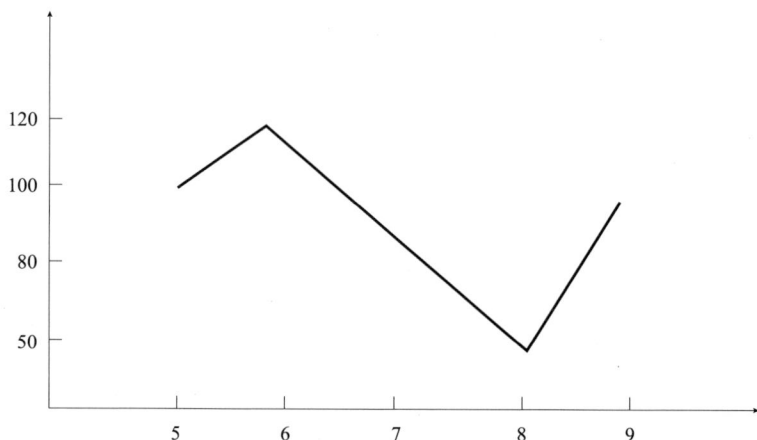

假设现在有这样一只基金，在第一个月的时候，价格是 100 元；第二个月的时候，价格是 120 元；第三个月的时候，价格是 80 元；第四个月的时候，价格是 50 元；第五个月的时候，价格又回到的 100 元。

如果我们是单笔投资，假设一共投资 30 万元，那么 5 个月后，我们不赚不赔，坐了一次过山车。但是，如果我们用定投的方式，每个月投 6 万元，我们来看 5 个月后是赚还是亏呢？

第一个月，我们投资 6 万元，买到 600 份额的基金。第二个月基金价格涨到 120 元，我们同样拿 6 万元来买，能买到的份额要少一些，变成了 500 份。第三个月基金价格跌到 80 元，我们买到的份额又多了，变成了 750 份。第四个月，基金价格跌到 50 元，我们可以买到 1 200 份。第五个月，基金价格回到 100 元，我们又可以买 600 份。最后，同样是 30 万元，我们用定投的方式可以买到 3 650 份。如果按照每份 100 元的价格卖出去，那么可以卖 365 000 元。通过定投，我们可以赚到 65 000 元。这就是定投的魔力。

3. 定投能够帮助我们存钱和养成长期投资的习惯

投资是需要时间的，定投也是需要时间的。有不少人喜欢追求短平快的投资方式，但是追求短期高收益的投资人，很多都是亏了钱的。而定投，能够磨炼我们的心智，让我们养成长期投资的习惯，不再看重短期市场的波动。

还有一些人，一直说自己不知道怎么存钱。其实定投就是一个很好的存钱方式。我们可以设置扣款日为我们发工资后一天，这样一发工资我们就可以存下一笔钱来。所以，定投也适合月光族。

三、指数基金的定投方法

定投是一个非常适合股票指数基金的投资方法，它可以平均市场风险，是适合大多数人的投资方式。那么作为普通小白，怎样从零开始设置自己的指数基金定投计划呢？

第一步，要挑选适合投资的指数。这需要我们判断指数所处的市场位置，是处于高估状态，还是处于低估状态。还需要我们去查询指数的市盈率、市净率等各种指标，然后结合历史百分位进行对比。我们要选择处于低估区域的指数进行投资。根据价值投资理论，选择低估区域的指数进行投资，就相当于我们用更低的价格买到更多、更便宜的投资标的，等到市场回暖，指数的价格也会跟着上涨，自然就能赚钱了。

第二步，要选择适合的指数基金。在前面的课程中讲到，我们要选择跟踪误差小、基金规模大、费率低的指数基金（这些基金的相关信息，在基金销售网站和手机 App 上都可以查询得到）。

第三步，选择适当的投资渠道。前面对比过通过各个渠道买基金的优劣势。根据目前的情况，我个人建议大家在第三方基金销售平台或者利用股票账户购买基金。

第四步，设置定投选项。在设置定投的时候，可以选择每日定投、每周定投或每月定投。通常每日定投频率太高，建议设置每周或者每月定投。通过回测发现，每月定投和每周定投差别不大。对于具体的投资金额，就要根据自己的资产情况而定了。

第五步，根据市场行情变动，在适当的时候追加单笔投资。定投的好处在于能够自动平均投资的成本，在市场下跌的时候，帮助我们买到更多的份额，但是，如果定投的时间太久，定投就会出现钝化效应。如果我们想要提高定投的效果，那么除坚持定投外，还可以在市场急速下跌的时候追加单笔投资，或者根据指数估值的变化，比如指数已经处于历史最低位置区域了，这时可以设置双倍定投，甚至多倍定投。这样做的逻辑和追加单笔投资一样，就是在市场低位的时候买入更多的份额，提高投资的收益率。

第六步，坚持长期投资。股票指数基金属于股票型基金的一种，自然也会受到股票市场的影响。而股票市场都是有周期波动的。根据二十多年的股市历史来看，一般来说每 7 年会有一次牛熊转换。所以，即使我们是在市场低位开始投资，很有可能也需要几年的时间来等待。股票型指数基金定投是一种长期投资方式，至少需要 3 年的时间（注意，是至少），真实需要的时间可能会更长。当然也不排除我们刚开始定投，市场就大涨，当指数到达高估区域的时候，我们也不要傻傻地一定要坚持长期投资，而是要提前止盈落袋为安。如果出现这样的情况，那么可能导致我们真实的投资时间不到 3 年。但是无论怎样，大家都要做好长期定投的心理准备。

另外，大家要特别注意：如果在定投的过程中看到有亏损，就中途放弃了，那么对最后的收益率是会有影响的。如果中途暂停定投，甚至卖出基金，那么做基金定投亏钱也是有可能的。

【第十九天作业】

（1）继续记账和储蓄；

（2）选择一只低估的指数，说明你的理由。

（3）选择一只跟踪这个指数的基金，并说明你为什么要选择它。

第二十天

指数基金投资实操（3）

主要内容包括：

➤ 一、指数基金定投的实际案例

➤ 二、指数基金定投实操的注意事项

➤ 三、指数基金投资总结

一、指数基金定投的实际案例

知道了指数基金的定投流程，下面就按照这样的思路，用一个实际的例子来讲解怎么做指数基金定投。

第一步，选择指数。这一步是最具难度的一步，也是最关键的一步。因为，指数没有选择好，后面的所有步骤都是白忙活。

按照前面所讲的思路，我们选择处于低估区域的指数进行投资。首先，我们应该知道目前市面上常见的指数都有哪些。做一个统计，参考如下图片。

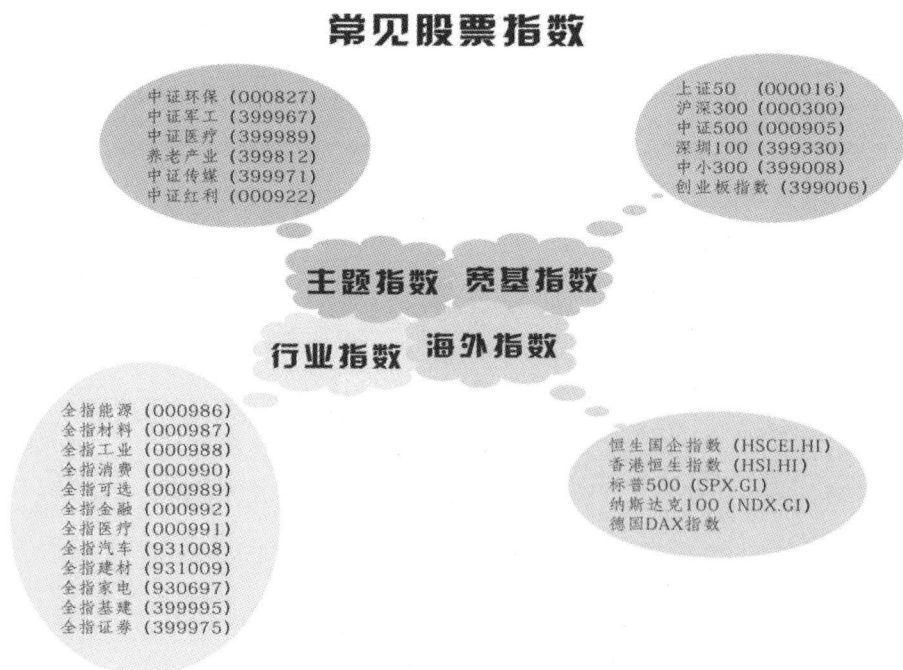

常见股票指数

中证环保（000827）
中证军工（399967）
中证医疗（399989）
养老产业（399812）
中证传媒（399971）
中证红利（000922）

上证50（000016）
沪深300（000300）
中证500（000905）
深圳100（399330）
中小300（399008）
创业板指数（399006）

主题指数　宽基指数
行业指数　海外指数

全指能源（000986）
全指材料（000987）
全指工业（000988）
全指消费（000990）
全指可选（000989）
全指金融（000992）
全指医疗（000991）
全指汽车（931008）
全指建材（931009）
全指家电（930697）
全指基建（399995）
全指证券（399975）

恒生国企指数（HSCEI.HI）
香港恒生指数（HSI.HI）
标普500（SPX.GI）
纳斯达克100（NDX.GI）
德国DAX指数

　　既然要选择指数，那么需要先关注这些指数的市场表现情况，去分析它们的历史走势。对于各个指数的历史走势，在中证指数公司的网站都能查询得到，还可以在天天基金网、蛋卷基金等基金销售软件中查看。

　　根据查看的各种指标和数据，最后选择中证红利指数。

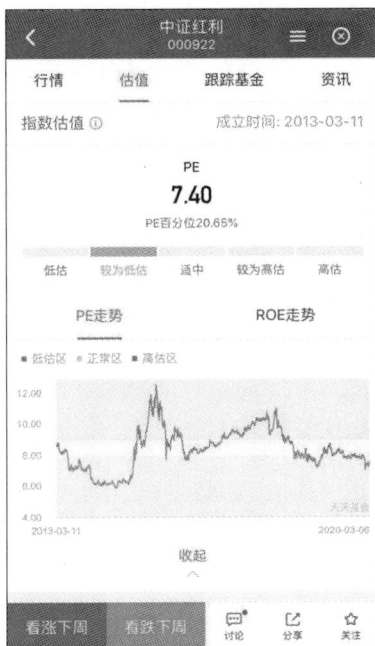

　　目前（2020 年 3 月 9 日），它的市盈率为 7.4 倍，市盈率的百分位为 20.65％，其处于低估的区域。这时是适合开始定投的。

　　第二步，选择指数基金。在基金销售软件中搜索关键词"中证红利"，然后可以看到，跟踪中证红利这个指数的基金有好几只。把这些基金分别记录下来，按照前面讲的，从跟踪误差、基金规模、费率这几个方面进行对比。参考如下对比表格。

基金名称	基金代码	申购费	销售服务费	管理费	托管费	赎回费	跟踪误差	规模
大成中证红利指数 A	090010	1.2%	0%	0.75%	0.15%	小于 7 天 1.5% 7 天到 1 年 0.5% 1 年到 2 年 0.25% 2 年以上 0%	0.13%	17.55 亿元
大成中证红利指数 C	007801	0%	0.1%	0.75%	0.15%	小于 7 天 1.5% 7 天到 30 天 0.1% 大于 30 天 0%	无数据	0.59 亿元
富国中证红利指数增强	100032	1.5%	0%	1.2%	0.2%	小于 7 天 1.5% 大于 7 天 0.5%	0.15%	39.41 亿元
万家中证红利（LOF）	161907	1.5%	0%	0.75%	0.15%	小于 7 天 1.5% 7 天到 1 年 0.5% 1 年到 2 年 0.25% 2 年以上 0%	0.09%	0.42 亿元

对比下来我们发现，富国中证红利指数规模最大，但费用却是最高的。万家中证红利跟踪误差最小，但是规模太小。综合起来，大成中证红利指数 A 最适合长期定投，费率最低，且规模适中，跟踪误差适中。

第三步，设置定投（选择基金销售平台，在此省略）。

选择好了指数基金之后，就可以设置定投了。选择一个自己习惯的基金销售平台，直接在基金介绍页面就可以设置定投。不过还有一个问题，就是每一期要投资多少。

投资股票型指数基金，是一个长期投资安排。前面讲过，股票市场是有周期的，A 股通常每 7 年有一波牛熊转换，即便在市场处于低估区域的时候去投资，通常也需要好几年的时间。因此，建议将 3 年以上不用的资金拿来做指数基金的定投。对于在 3 年内要用到的资金，不建议拿来做股票型指数基金的定投。

那么，这就需要大家去梳理自己的资产情况，看看自己有多少资金是 3 年以上不用的。把这部分资金拿来做股票型指数基金的定投就可以。因为是做定投，还需要将这一笔钱进行划分，如果你准备每月定投一笔，就将你的可投资资金除以 36 个月，也就是说，我们要至少预计定投 3 年的时间。得到的数字就是我们每月投资的金额。如果是周定投，就除以 156 周，得到的数字就是每周定投的金额。另外，大家最好额外预留出一笔钱，在市场出现极端情况的时候，可以做单笔追加投资。

上述是我们已经拥有了一笔资金的情况，还有一种情况，就是我们没有资金，但是希望用定投的方式来强制自己储蓄。这就需要我们去整理自己的收入支出情况，计算出自己能够储蓄下来多少资金，而且储蓄这笔资金对自己的生活没有影响。比如，我们每个月赚 1 万元，平时的基础开支大约 5 000 元，那么每个月定投 2 000~3 000 元是很容易的。这样既不会影响我们的生活，还可以有其他的资金安排。当然，如果你只是想做尝试性的投资，那么最低 100 元就可以开启定投了。

第四步，根据市场变化，调节定投额度。

虽然我们选择的指数处于低估区域，但依然是有波动的，后面有可能还会下跌，比现在还要低估。不是说处于低估区域的指数就不会下跌了。所以还需要我们根据市场情况进行动态的方案调整。如果市场继续大跌，那么我们可以追加单笔投资。反过来，如果后面指数上涨，那么我们可以减少定投的额度。

第五步，坚持长期投资。

从历史数据来看，A 股一般每 7 年会有一次牛熊转换。因此，我们很有可能需要坚持 7 年的时间甚至更长。既然选择做基金定投，就要做好长期投资的准备，并且在定投的过程中，可能 80% 的时间都是没有收益的，甚至是亏损的。我们需要耐得住寂寞，基金定投赚钱可能就是几个月的时间。

二、指数基金定投实操的注意事项

前面讲了指数基金的定投实操，相信不少人已经开始跃跃欲试了。不要着急，在这之前，还要讲解指数基金定投在实操中可能会遇到的问题。我们提前给大家打好预防针，在大家真的开始定投的时候，就会保持淡定、从容。

按照前面讲的选择思路选好了基金，开始定投之后，大家肯定会遇到市场下跌的情况。当你看到自己定投的基金出现大量的亏损时，你是继续定投还是卖出止损，还是先暂停一下等待观望？你认为自己定投了很长时间，但是基金依然没有赚钱，甚至还有一些亏损，那么这个时候，还要不要坚持？长期投资到底需要多久？下面对这些在未来投资中会遇到的问题进行分析。

1. 时间

第一个需要注意的就是时间。我们投资指数基金，是间接投资股市，而股票市场波动非常剧烈，最多一天可以涨跌 10%，有 20% 的波动幅度。能够平复这种剧烈波动的唯一工具就是时间。所以，对于指数基金要坚持长期投资。那么多久是长期投资呢？我建议，最短的时间是 3 年。注意：是最短的时间，最长可能是 5 年、10 年甚至更长时间。

因此，需要注意的是，对于短期要用的钱（在 3 年内要用到钱）不建议大家用来做指数基金投资。一定是长期不用的那部分钱，才可以拿来做基金定投。

2. 定投

在实际的操作中，有的人选择的指数目前处于低估区域，可以开始定投了，但他不是开始定投，而是用一大笔钱直接买入，这样的操作是非常不合适的。指数处于低估区域，是可以开始定投了，但定投不是一次性投资。

为什么要定投呢？因为，指数只是进入了低估的区域，但是在低估区域内，还会有继续下跌的可能性（在市场情绪过度悲观的时候，市场总会非理性下跌）。我们现在所看到的低估区域，并不是历史最低点。我们是不能准确地判断出历史最低点的。如果谁能够准确判断历史最低点，那么肯定直接单笔投资，实现收益最大化了。事实上，没有人能够准确预测市场的最低点。所以，我们一定要使用定投这种投资方法，通过定投来降低我们投资的平均成本。

另外，还要注意的是，对于每次定投设置的金额，至少要考虑 3 年的定投时间，不要在开始的时候，每个月定投太多，到后面却没有本金了，一定要平均分配。比如，我们计划投资一只基金 10 万元，分为 3 年投资，那么平均到每一个月就是 2778 元，平均到每周就是 641 元。

3. 补仓

除了常规的定投，最好再预留一笔钱，用来作为补仓使用。在市场下跌的时候，追加单笔投资。在市场大幅度下跌的时候，追加单笔投资可以进一步降低我们的持仓成本。只是需要特别注意的是，预留出来追加投资的这笔钱，也要分为几份，至少分为 6 份。当我们遇到市场下跌的时候，可以追加单笔投资。每次追加单笔投资的时候，追加一份就可以，也不要把用于补仓的资金一下子全部买入。否则后面市场下跌时，我们就没有补仓的资金了。

4. 止损

定投指数基金要不要止损？我们选择处于低估区域的基金，已经处于历史低位了，如果后面还会下跌，那么正好是我们增加投资份额的好时机，而且指数基金不会消失，所以不用考虑止损的问题。我们投资指数基金，唯一担心的就是时间。低估的指数，肯定会有回归正常估值，甚至冲到高估的时候。所以，我们需要保持耐心，不要被暂时的浮亏吓住，只要没有最终卖出，我们就没有亏钱。

我曾经做过 3 年多的创业板指数基金定投，市场跌得最多的时候，有将近 30% 的亏损，而我依然坚持定投。最终的结果是我赚了 30%，才止盈退出了。

所以，大家不要在意浮亏，继续坚持定投。如果你真的在市场下跌的时候止损卖出，那么你就真的亏损了（特别提示：这里说的是低估的股票型指数基金，如果是主动型基金，那么在基本面发生变化的时候，是需要止损的）。

5. 止盈

有一些人喜欢一买入就开始上涨的基金。比如，曾经有一段时间，医疗行业指数基金和科技行业指数基金快速上涨。其实，我们做定投，投资这样的短期快速上涨的基金反而不是很好，因为我们刚开始定投就大幅上涨，在市场低位停留的时间太短，定投积累的基金份额并不多，虽然短期收益率会很高，但最后实际赚到的钱很少。定投高手都喜欢在开始买入的时候，市场趴在地上不动，或者有所下跌。这样才能有足够多的时间，积累足够多的基金份额，等到市场回暖的时候，我们才能够赚得更多。

对于买入之后没多久就上涨了很多的基金，如果是短期有超过 20% 的收益，那么我们也要考虑止盈的问题。常见的止盈方法有如下 4 种：

（1）目标收益止盈法。我们做股票型指数基金投资，长期来看收益应该和股票指数的平均收益是接近的。而根据历史数据，一般大盘指数的长期投资收益在年化 12% 左右。如果我们要制定目标收益来止盈，那么建议设置 12% 的年化收益作为目标收益。假设我们投资一只指数基金，2 年的时间，收益率达到 24%，那么这时我们就可以考虑止盈。

目标收益止盈法能够确保我们是赚到钱的，其缺点是比较死板，假设我们开始投资时，市场估值非常低。即使我们赚了 12% 的年化收益，但是这时市场依然是低估的，那么我们此时卖出，可能只赚到一小部分的收益。不过，能够在市场上赚钱离开，已经属于最成功的 10% 了。所以，对于不贪心的投资者来说，目标收益止盈法还是比较适合的。

（2）历史估值止盈法。在选择指数基金进行投资的时候，建议大家选择处于历史估值低位的指数基金进行投资。在止盈时，同样可以参考历史估值（历史百分位）这个指标。如果我们持有的指数基金的历史估值，从低估进入了历史的平均估值区间，我们就可以停止投资，并且慢慢卖出。如果进入了高估区域，那么肯定要坚决止盈出场。历史估值止盈法是我个人常用的方式。现在很多软件中都可以看到指数基金的历史估值，在前面的课程中讲过如何查看指数基金的历史估值。

（3）最大回撤止盈法。投资者做投资时需要理性，但事实上市场总是不理性的。要么是非常的低估，投资者都不买股票，要么是全民炒股，投资者在上班的时候都在看股票行情。这种不理性往往会造成两个极端。在熊市的时候，没有人买股票，股票估值偏离价值，显得极度低估。在牛市的时候，全民炒股，股票价值极度高估，出现大量泡沫。

我们投资基金能够赚钱，肯定是在牛市的时候。那么在牛市中，如何赚到足够多的钱呢？我们肯定是无法预测牛市顶点的，而在牛市来的时候，在任何时间卖出，可能都会卖在市场的低点。所以，比较好的方法就是设置一个最大回撤的数值，假设10%，一旦投资的基金收益回撤了10%，就坚决卖出。如果回撤没有达到10%，就坚定持有，这样就能让我们在牛市来的时候，赚得足够多。

（4）市场情绪止盈法。有的投资者觉得看数据指标比较麻烦，也没有那么多的时间。那么这类投资者比较适合用市场情绪法来止盈。当发现身边的人都在开始谈论投资、谈论股市的时候，就卖出基金。当身边的人都不关注股票的时候就坚持投资股票型基金。这种方法最简单，但是能够做到的人不多。很多人往往是反向操作，看到大家都在买股票，自己不但不止盈，还继续加仓期待未来能够赚得更多。结局往往是，因为自己的仓位很重，后面市场下跌，以前的那些盈利都没有了。因此，这种方法看似简单，其实对投资者的要求比较高。

上述 4 种方法就是基金止盈的常用方法。大家可以根据自己的情况，根据市场的情况和所处的阶段以及自己的投资目标，选择适合自己的止盈策略。当然，如何判断市场情况和所处的阶段，也是需要长时间的积累和大量的实践。需要我们慢慢摸索，不断总结，随着经验的积累，什么时候卖出基金，也就不再是一个问题。

6. 心态

做指数基金投资，是一种长期投资安排。我们不能以短期炒股的心态来对待，否则我们心里会很难受。比如一遇到市场下跌，就开始想今天市场下跌了，我要不要卖出？有这样心态的投资者，还是不要做指数基金投资，可能投资一些固收产品更为适合。既然是长期投资，我们就要保持足够的耐心和坚持（要耐得住寂寞），不要被短期的市场行情所影响。相反，如果市场下跌，就是我们加仓买入的好时机。因为市场下跌可以让我们买到更多便宜的份额。所以，对于指数基金定投来说，市场下跌反而是一件好事。

另外，我们还要保持一定的纪律性。比如，每一期到了时间就要按时定投，中途不要轻易地暂停和赎回。做基金定投，执行力非常关键。如果中途暂停，那么对我们最终的收益将有很大影响。还有就是不要着急投资，不要一下子把钱全部投进去，始终要记住，我们是长期投资者，追求的是慢，而不是快。

虽然做基金定投非常简单，但是在实际的操作中，我发现有一些人依然不能赚钱。我曾和多位做基金定投亏钱的朋友聊过，我发现这些人之所以不能赚钱，其中最重要的原因就是：害怕亏损。

其实投资者都害怕亏损，但是当我明白了基金定投背后的逻辑之后，就不害怕定投亏钱了。因为对基金定投来说，其实一开始定投就亏损，甚至长时间地亏损，恰恰是最好的。基金定投的微笑曲线，大家应该都听过。在市场下跌的时候，也就是在微笑曲线的左段，是我们积累筹码的最好时间。而这段时间越长，我们积累的筹码也就越多。后面市场上涨，转换到右段的时候，我们才能赚得更多。

开始定投　　逐渐亏损　　忍受亏损　　定投获利

持续扣款　　亏损加大　　持续定投

平摊成本
静待反转

　　问题往往就出现在左段，因为市场一路下跌，我们的账户也一直是亏着的。关键是，这样的时间还会持续很久，可能是 2 年、3 年甚至更长的时间。这段时间就是定投最难熬的时候，而往往在这个时候，有些人开始怀疑定投：定投能赚钱吗？市场还会继续下跌吗？要不我等着市场不跌再来买？最后就暂停了定投，或者亏了钱也要把基金赎回，导致实际的亏损。

　　做基金定投的真正高手，都是能够长期忍受亏损的人。他们知道，基金定投 80% 甚至 90% 的时间都是亏损的，只有 10% ~ 20% 的时间是赚钱的。所以他们在定投账户出现亏损的时候，心里非常平静，甚至还会加大定投力度，或者追加单笔投资。因为他们知道，市场越是下跌，他们就越能买到更多、更便宜的资产，这样到后面才能赚得更多。

　　也许你现在看到这些内容，会有些疑惑或者不理解，但是当你完整地走完一次基金定投的微笑曲线之后，再来看这些内容，就会感同身受了。

7. 技巧

　　对于做定投的资金来源，有两种情况。一种是没有原始资金，通过定投来储蓄。对于这样的投资者，根据自己的结余，或者强制储蓄的额度来设置定投金额就可以。另一种是有一大笔钱，准备拿来做定投。对此我有一个技巧分享给大家。

前面讲过，定投是长时间的安排，不能将一大笔钱一次性投入。那么，那些没有定投到基金中的钱，该放在哪里呢？首先，宝宝类（货币基金）产品中肯定要留一些，这些钱可以用来补仓。其次，可以将资金投入类固定收益产品中，比如债券基金就是一个不错的选择。然后在需要定投的时候，再提前卖出债券基金，买入指数基金。这样就能增加闲置资金的收益率。

关于指数基金定投实操的注意事项，主要就是这些，大家在开始投资之前，就要明白这些注意事项。之后在实际投资的过程中，就会保持淡定、从容。

三、指数基金投资总结

指数基金投资的内容已经讲完了，最后，将整体串联起来，对大家可能不明白的内容，再梳理一下。

首先关于基金是什么的内容，在前面理财工具的介绍中已经讲到，它是一个标准化的大众投资工具，也就是我们把钱拿给专业的投资机构（基金公司）帮我们打理，并且我们的资金不是直接给基金公司，而是在第三方托管起来（第三方通常是银行）。从基金的发行到最后的清盘各个环节都有相关的监管。所以，基金这个工具本身是安全的。基金投资的风险来自投资标的的波动。

基金投资范围非常广泛，起投门槛低，这里说的基金主要是指公募基金。私募基金门槛要 100 万元起投，而且私募基金监管相比公募基金会松一些。一般来说，大多数投资者没有那么多钱，直接投公募基金就可以。公募基金，监管严格，是非常适合大多数普通投资者的投资工具。由于它的投资范围非常广泛，运用好基金这个工具，做好整个家庭的投资没有问题。

然后来看看基金的分类。基金的分类方式有很多种。最常用的就是根据投资标的来分类，投资货币市场的就是货币基金。我们买的余额宝就是对接的货币基金。投资债券的是债券基金。投资股票的是股票基金。既投资股票市场又投资债券市场的，就是混合基金。还有投资其他的，比如黄金、石油、房地产等，而基金的特性，就与投资的标的息息相关。投资股票市场的基金，特性就和股票市场一样，上蹿下跳波动较大。投资债券的基金，特性就和债券一样，比较稳定。可以把基金这个工具想象成一个水杯，杯子里面装着不同的饮料，就会呈现不同的颜色。

我们所说的指数基金，通常是指股票型指数基金（基金公司把我们的钱拿去按照股票指数的选股方式来买股票，尽量复制股票指数的走势）。当然也有其他类型的指数基金，这里先不讨论，大家把股票型的指数基金弄清楚，对其他的指数基金也就能够触类旁通了。

既然是股票型指数基金，那么它的特性就和股票是一样的。前面讲过，上蹿下跳波动较大。所以，要做好股票型指数基金的投资，就需要去了解一些股票市场的投资逻辑。

通常来说，把股市分为牛市和熊市。牛市的时候，股票价格不断上涨。投资者都一窝蜂地去购买股票，又推升股市继续上涨。这样最终会导致，股票的价格虚高，超过实际的内在价值。而我们怎么判断股票的价格是不是虚高呢？最常用的就是市盈率和市净率这两个指标。股票的市盈率计算非常简单，就是用每股的股价除以每股的盈利。比如一只股票，股价是 10 元，每一股收益是 1 元，那么它的市盈率就是 10 倍。通常来说，市盈率越低，越有投资价值。而市净率，就是用每一股的股价去除以每股的净资产所得到的数值。通常来说，市净率越低，也就越有投资价值。注意：这里所说的都是通常。也有很多特殊行业，其市盈率和市净率本来就很低（对于股票的市盈率和市净率我们可以通过炒股软件，比如同花顺、雪球等，查询到对应的数据）。

上述所说的是单只股票的投资情况，但指数基金是投资指数的一篮子股票，那么我们该如何计算其市盈率和市净率呢？我们是没法计算的。但是已经有专门的机构帮助我们计算好了，直接去查询即可。就好像指数的点位一样，我们不用去管 1000 点、2000 点是怎么算出来的，只要知道结果即可。昨天是 2000 点，今天涨到了 2100 点，我们知道结果就可以了。

那么怎么去查询指数呢？在前面的内容中讲过，在天天基金网、蛋卷基金、雪球等软件中，都有专门指数估值的数据。我们知道了投资的逻辑后，在这些软件中挑选低估的，适合我们做长期投资的指数就可以。

选好了指数只是第一步，第二步就是要选择跟踪的指数基金。因为跟踪同样的一只指数，会有很多家基金公司推出自己的基金。比如跟踪沪深 300 这个指数的，有天弘基金公司，有博时基金公司，有嘉实基金公司等。我们还需要从这些不同家基金公司的同类基金产品中选择一只跟踪误差小、费率低、规模适中的基金进行定投。

选择好了指数基金，我们就可以开始设置定投了。至于为什么要定投，怎么定投，在前面的课程中已经说得很清楚了，这里不再赘述。

最后，需要注意的是，我们选择指数时，也可以进行资产配置。比如，投资股票市场的指数基金，就会有跟踪大公司股票的沪深 300 指数，也有跟踪中小盘股票的中证 500 指数或者创业板指数。大家刚开始可以选择一只跟踪大公司股票的指数基金和一只跟踪中小公司股票的指数基金构建一个投资组合。

股票型指数基金，除了按照大公司股票和小公司股票进行分类，还可以分为宽基指数基金和窄基指数基金。从这个角度来说，沪深 300 指数、创板指数、中证 500 指数都是从整个市场中来选择股票进行投资的，算是宽基指数基金。而环保主题指数、券商指数、医药指数等只能从特定行业中去选择股票的指数基金，就是窄基指数基金。

通常来说，宽基指数基金选择面更广，风险更加分散，刚刚开始入门指数基金，建议先从宽基指数开始。当我们对某个行业有足够深入的研究，或者自己非常看好某个细分行业时，可以配置对应的主题行业指数基金。主题行业指数基金也属于窄基指数基金。

关于指数基金的实操，就是这些内容了。最后建议大家根据自己的情况，尝试性地开启一个指数基金的定投计划，并且在定投的过程中，要多次回看这部分内容。当你完整地经历了一次定投周期后，才算是真正地掌握了这部分内容。

【第二十天作业】

（1）继续记账和储蓄；

（2）继续巩固昨天的作业；

（3）开启一个指数基金定投计划。

第二十一天

主动管理型基金投资实操

———————————○——————————————○———————————

主要内容包括：

➤ 一、何为主动管理型基金

➤ 二、如何选择主动管理型基金

➤ 三、主动管理型基金的选择实操

一、何为主动管理型基金

在前面的课程中，着重讲了指数基金的投资方法。我们知道了，有编制指数的公司，比如中证指数公司，而指数基金就是跟踪对应指数走势的基金，不需要基金经理去主动调整和管理，只需要跟着指数进行调仓就可以，这类基金就是被动投资类的基金。

与之对应的，还有一类基金。它们不跟踪指数的走势，希望能够通过基金公司和基金经理的专业的投资能力，做到超越指数的收益。这些基金，会根据基金公司的研究团队的判断以及基金经理的判断，来决定具体投资什么标的。我们把这类基金叫作主动管理型基金。

和指数基金一样，主动管理型基金也可以按照不同的投资标的分为不同的基金类型。有主要投资债券的债券基金，有同时投资债券和股票的混合基金，也有主要投资股票的股票型基金。那么主动型管理基金到底如何呢？是否值得我们去投资呢？

前面我们在讲指数基金的时候，讲到主动管理型基金和指数基金的优势和劣势。通常来说，主动管理型基金费用更高，并且有基金经理这个不可控因素，而在成熟市场，大部分主动管理型基金的收益是跑不赢指数基金的。

就在现在这个阶段，在国内市场中，其实有很多主动管理型基金是能够跑赢指数的。我们可以想一想，2009 年 A 股是 3000 点左右，现在是 2020 年，在我写下这些文字的时候，我们的股市还是 3000 点左右。在这个过程中，如果我们单笔投资指数，是不亏不赚的。而过去的十年，有的主动管理型基金，有 10% 多的平均年化收益。再比如 2019 年，大盘指数从最低的 2400 多点，到现在近 3000 点，涨了 25%，而 2019 年就有很多的基金收益达到 30%、40%，甚至有的基金收益达到了 90%。因此在现在这个阶段，在国内有不少的主动管理型基金是能够跑赢指数的。

当然在现阶段，主动管理型基金能够跑赢指数是有原因的。因为国内的股票市场也就二十多年的时间，还不够成熟，有很多的个人投资者，而大部分个人投资者没有经过系统的学习，喜欢追涨杀跌。基金公司和基金经理有专业知识的优势，还有资金的优势，在这个不够成熟的市场中赚取超额的收益，并不是一件很难的事情。

上述我们所说的，主要指股票型主动管理基金，其实还有债券型主动管理基金，这类基金就更明显了，主动管理型债券基金的收益是远远好于债券指数收益的。所以我们在市场上，并没有看到多少债券指数基金，更多的是主动管理型债券基金。目前来说，国内的主动管理型基金是有自己的优势的。我们还是很有必要来了解和学习主动管理型基金的投资方法。

二、如何选择主动管理型基金

与指数基金不同，主动管理型基金能否获得超额收益，主要看基金公司和基金经理的投资能力。所以选择主动管理型基金，主要看基金公司的实力和基金经理的投资能力。

那么，如何看基金公司的实力呢？

1. 看历史业绩

如何去看基金公司的历史业绩呢？我们可以查看基金公司旗下的所有基金，看这些基金的业绩排名。如果基金公司旗下的基金在同类基金中业绩排名都表现不错，那么是不是说明这家基金公司很厉害呢？反过来，如果旗下的大部分基金的业绩在同类基金中表现靠后，那么是不是说明这家基金公司的投研能力不足呢？

2. 看公司的服务

我申购了多家基金公司的基金，有的基金公司逢年过节或者在市场发生变化的时候，都会发短信过来，而有的基金公司则没有。有的基金公司在某个节假日，停止申购赎回基金的时候也有短信提醒，而有的基金公司则没有。从这些服务细节上，我们也能感受到不同基金公司的服务和专业程度是不同的。

3. 看规范和可靠度

普通投资者很难自己到基金公司去考察并以此来判断基金公司是否规范、可靠。如果一家基金公司被媒体曝出丑闻，或者因为违规操作被处罚，那么对这家公司我们就要保持警惕，最好远离。

选择好了基金公司后，还需要选择一名靠谱的基金经理。球队能否进球，和前锋有直接的关系。同样，一只基金的业绩也和基金经理有非常紧密的关系。那么如何选择一位靠谱的基金经理呢？

1. 从业时间要久

理财投资的实操性很强，理论知识再多，不去实践其效果也等于零。对基金经理来说也是如此，从业时间越久，经验也就越丰富。一名成熟的基金经理，至少应该经历过股市的一次牛熊转换。

2. 稳定性要好

这里的稳定性包含两个方面，一个是业绩的稳定性，如果一名基金经理前一年业绩表现很好，第二年表现很差，那么是不可取的。另一个是职业的稳定性，如果一名基金经理一会儿到这家基金公司上班，一会儿又跳槽到另外一家基金公司，那么也是不可取的。

3. 历史业绩要好

这里的历史业绩，并非一年这样的短期业绩，一般我们选择基金最少要看3年的历史业绩。不一定要基金经理每一年的业绩都表现很好，要看长期业绩，只要业绩表现稳定，长期业绩能够做到排名靠前就可以。

三、主动管理型基金的选择实操

在选择主动管理型基金的时候，我们可以先选择历史业绩表现好的基金，再倒推回去，看这个基金的基金经理和背后的基金公司。看这个基金的基金经理是不是长期任职，管理的其他基金业绩是否也都稳定。看基金公司有没有出现什么负面报道，看基金公司的其他同类基金表现如何。如果一只基金历史业绩表现好，而基金经理也长期管理这只基金，并且基金公司没什么负面报道，我们就可以确定这是一只不错的基金。

那么我们怎么看一只基金的历史业绩呢？在很多的基金销售网站都可以查看基金的历史业绩，比如天天基金网、支付宝、蚂蚁财富等。不过这里要介绍一个专门做基金测评的网站——晨星基金网。

晨星基金网是第三方基金评级网站，与天天基金网等网站不同，它自己并不做基金的销售，所以对基金的评级会更加客观、中立。我们可以通过晨星基金网的基金筛选功能，来选择历史业绩表现优秀的基金。

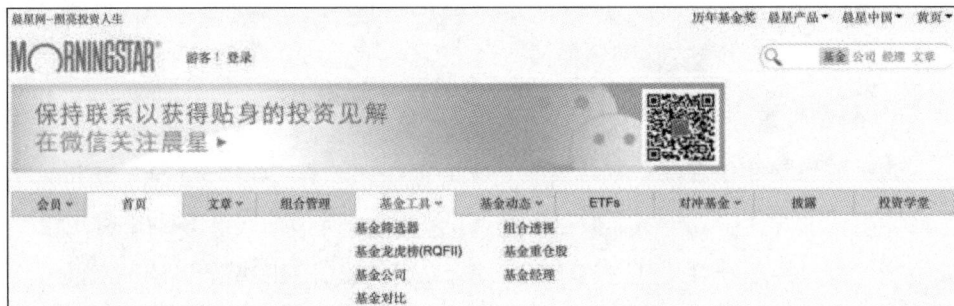

在晨星基金网的首页上，有一个基金工具，点开之后，里面就有一个基金筛选器。点击进入，就可以看到如下页面。

我们可以设置筛选条件，比如"三年评级""3星以上"，"五年评级""3星以上"。晨星基金网的星级评定，不是基金的绝对收益高就给高的星级，而是晨星基金网会将基金进行分类，在同类基金中，综合风险收益的表现，表现好的前10%是5星基金，表现好的前22.5%为4星基金（晨星基金网是如何对基金进行分类的，如何去综合风险和收益的表现的，大家可以在网站上查看具体的介绍。这里不再赘述，大家只需要学会运用晨星基金网站就可以）。我们选择主动管理型基金，最好是5星的，最低也要4星的。因为根据晨星基金网的评级标准，这些5星基金、4星基金就是综合历史业绩排名靠前的基金。

然后选择基金的分类，比如我们想要选择普通债券基金，就再勾选一下。点击"查询"按钮，就可以看到结果。如果想要查询其他类型的基金，就勾选对应的基金分类，这和我们在购物网站选择商品是一样的。大家不要把选择基金看得很难，事实上很多人如果把购物时选择商品的劲头放在选择基金上，那么选出好基金并不难。

	代码	基金名称	基金分类	晨星评级(三年)	晨星评级(五年)	净值日期	单位净值(元)	净值日变动(元)	今年以来回报(%)
1	360013	光大保德信信用添益债券A	普通债券型基金	★★★★★	★★★★★	2020-07-03	1.1980	0.0170	16.89
2	360014	光大保德信信用添益债券C	普通债券型基金	★★★★★	★★★★☆	2020-07-03	1.1950	0.0160	16.63
3	206018	鹏华产业债券	普通债券型基金	★★★★★	★★★★★	2020-07-03	1.1490	0.0020	3.24
4	206003	鹏华信用增利债券-A	普通债券型基金	★★★★★	★★★★★	2020-07-03	1.2934	0.0042	7.24
5	206004	鹏华信用增利债券-B	普通债券型基金	★★★★★	★★★★★	2020-07-03	1.3930	0.0045	7.03
6	161216	国投瑞银双债增利债券(LOF)A	普通债券型基金	★★★★★	★★★★☆	2020-07-03	1.1550	0.0010	3.31
7	420002	天弘永利债券-A	普通债券型基金	★★★★★	★★★★☆	2020-07-03	1.1175	0.0038	3.85
8	161716	招商双债增强债券(LOF)C	普通债券型基金	★★★★★	★★★★★	2020-07-03	1.3210	0.0020	2.64
9	550018	信诚优质纯债	普通债券型基金	★★★★★	★★★★☆	2020-07-03	1.1840	0.0010	3.41
10	217022	招商产业债券A	普通债券型基金	★★★★★	★★★★★	2020-07-03	1.5000	0.0000	2.53

进入这个页面，我们看到有很多只"三年评级"和"五年评级"都是5星的基金，我们可以点击这些基金的名称，再进入单只基金页面去查看基金的具体情

况。比如，我们选择招商产业债券 A 这只基金，然后点击进入，就可以看到这只基金的所有情况，包括成立日期、基金规模、收费方式等。而我们主要看历史业绩、历史回报和基金经理。

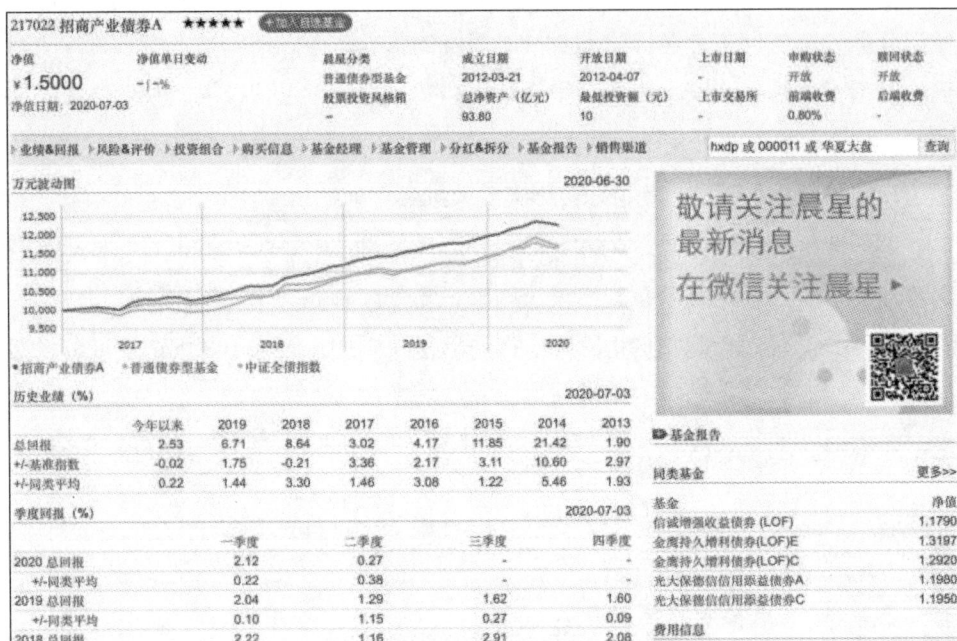

我们先看历史业绩，从 2013 年到现在，每一年都获得正收益。收益最高的是 2014 年，为 21.42%，最低的是 2013 年，为 1.90%，波动还是挺大的。不过我们要注意现任基金经理的管理时间，其是从 2015 年开始管理这只基金的。所以，对于 2015 年以前的业绩，我们只能作为参考。我们主要看现在的基金经理管理期间内的业绩，最高的也就是 2015 年，为 11.85%，最低的是 2017 年，为 3.02%，波动小了很多。说明这只基金在现任基金经理的管理下，历史收益还是很稳健的。

历史回报 (%)				2020-07-03
当前历史回报　上月历史回报				
	总回报	+/-基准指数	+/-同类平均	同类排名
一个月回报	0.00	0.32	-0.33	-
三个月回报	0.27	0.78	-0.03	-
六个月回报	2.39	-0.17	0.27	-
今年以来回报	2.53	-0.02	0.22	-
一年回报	5.71	0.55	0.72	-
二年回报（年化）	7.13	1.30	1.01	-
三年回报（年化）	6.27	0.90	1.72	-
五年回报（年化）	6.30	1.66	2.15	-
十年回报（年化）	-	-	-	-

历史最差回报 (%)	2020-06-30
最差三个月回报	-3.39
最差六个月回报	-4.34

晨星评级			2020-06-30
	三年评级	五年评级	十年评级
晨星评级方法论	★★★★★	★★★★★	☆☆☆☆☆

风险评估						2020-06-30
	三年	三年评价	五年	五年评价	十年	十年评价
平均回报 (%)	0.00	-	0.00	-		
标准差 (%)	1.75		2.15			
晨星风险系数	0.71		0.90			
夏普比率	2.84		2.34			

风险统计		2020-06-30
	+/-基准指数	+/-同类平均
阿尔法系数 (%)	2.24	2.55
贝塔系数	0.66	0.68

最小投资额度	
申购	10.00元
增购	10.00元

申购费	
前端收费	费率
A<100.0万元	0.80%
100.0<A<500.0万元	0.50%
500.0<A<1,000.0万元	0.20%
A>1,000.0万元	1,000.00元

后端收费	费率

赎回费	
分层标准	费率
A<365.0天	1.50%
1.0<A<1.5年	1.00%
1.5<A<2.0年	0.50%
A>2.0年	0.00%

基金经理

马龙 *2015-04-01 -*
管理时间：5年98天
男，经济学博士。2009年7月加入泰达宏利基金管理有限公司，任研究员，从事宏观经济、债券市场策略、股票市场策略研究工作。2012年11月加入招商基金管理有限公司固定收益投资部，曾任研究员，招商安益保本混合型证券投资基金、招商可转债分级债券证券投资基金、招商安德保本混合型证券投资基金、招商安泰灵活配置混合型证券投资基金、招商定期宝六个月期理财债券型证券投资基金、招商招利一年期理财债券型证券投资基金、招商金鸿债券型证券投资基金、招

再来看历史回报，5年的平均收益是6.30%，3年的平均收益是6.27%。2年的收益为7.13%，一年的回报为5.71%。该回报和股票型基金比起来，一点都不高，但这是一只纯债券基金，没有投资股票，这样的收益已经算是非常不错了，并且既然晨星基金网给出的3年评级和5年评级都是5星基金，那么说明这只基金在同类基金中，综合风险收益表现是排名前10%的。

然后来看看基金经理怎么样，点击基金经理的名字（在晨星基金网中，蓝色的字都可以点击，点击后会进入对应的页面），可以看到基金经理的相关情况及其管理的所有基金。

基金经理

马龙

男，经济学博士。2009年7月加入泰达宏利基金管理有限公司，任研究员，从事宏观经济、债券市场策略、股票市场策略研究工作。2012年11月加入招商基金管理有限公司固定收益投资部，曾任研究员。招商安益保本混合型证券投资基金、招商可转债分级债券型证券投资基金、招商安益灵活配置混合型证券投资基金、招商安德保本混合型证券投资基金、招商安荣灵活配置混合型证券投资基金、招商定富宝六个月理财债券型证券投资基金、招商招利一年期理财债券型证券投资基金、招商金鸿债券型证券投资基金、招商招利1个月期理财债券型证券投资基金基金经理。现任固定收益投资部副总监兼招商安心收益债券型证券投资基金、招商产业债券型证券投资基金、招商安弘灵活配置混合型证券投资基金、招商睿祥定期开放混合型证券投资基金、招商招丰纯债债券型证券投资基金、招商3年封闭运作战略配置灵活配置混合型证券投资基金（LOF）、招商渠利两年定期开放债券型证券投资基金、招商稳祯定期开放混合型证券投资基金、招商添益纯债债券型证券投资基金、招商添旭3个月定期开放债券型发起式证券投资基金基金经理。

当前管理

代码	基金名称	任职日期	离任日期	管理时间
008383	招商安心收益债券A	2019-11-28	-	221天
007173	招商添旭3个月定期开放债券A	2019-04-10	-	1年88天
007174	招商添旭3个月定期开放债券C	2019-04-10	-	1年88天
006150	招商渠利两年定期开放债券	2018-09-20	-	1年290天
161728	招商3年封闭运作战略配置灵活配置混合(LOF)	2018-08-17	-	1年324天
003569	招商招丰纯债债券A	2018-02-27	-	2年130天
003570	招商招丰纯债债券C	2018-02-27	-	2年130天
003004	招商睿祥定期开放混合	2016-08-30	-	3年311天
001868	招商产业债券C	2015-09-28	-	4年283天
217022	招商产业债券A	2015-04-01	-	5年98天

  这只基金的基金经理是马龙，他从 2015 年 4 月开始管理这只基金，已经有 5 年多的时间了。也就是说，这近 5 年的基金业绩，都是这位基金经理做出来的。并且我们看到马龙从 2009 年开始就进入基金行业从事研究工作，到 2020 年已经有 10 年多的时间了。基金经理的从业时间够久，也没有频繁地更换基金公司。综合来看，这名基金经理的业绩比较稳定，且在同类基金中，长期业绩排名靠前，能够长期管理基金。那么基金经理这关，也是没有问题的。

  最后，我们来看看基金公司。从名字中可以知道，这是招商基金管理有限公司旗下的基金产品。对于招商这个品牌，大家应该不陌生。招商基金管理有限公司就是招商银行和招商证券投资的。有这么强大的背景，基金公司的实力也不必多说。基金公司这一关，也是没有问题的。

  其实，我们选择主动管理型基金，最主要还是看基金经理和基金本身的业绩。现在各家基金公司的背景和实力都不会相差太多，前面讲过，能够拿到基金牌照的公司，实力都差不到哪里去。所以，关键还是在于管理人，也就是基金经理。

  特别说明，本书中所选择的基金，只是用来作为例子，讲解主动管理型基金的选择方法，不是建议大家去投资这只基金。同类基金还有很多，我们还需要多选择几只基金进行对比，并且我们在投资一只基金之前，还要结合自己的投资需求。这里给大家列举的是一只主动管理型债券基金的例子，其他类型的主动管理型基金也是同样的选择思路，这里不再赘述。

收益 15% 的基金，就一定比收益 8% 的基金好吗

有一个问题：现在有两只基金，一只今年取得了 15% 的收益，另一只今年取得了 8% 的收益，那么大家觉得这两只基金哪一只更好呢？我想大家的第一反应肯定是觉得取得 15% 的收益的基金更好，因为收益高，毕竟能为我们赚到钱才是王道。但是事实上可能并非如此，因为我们还要去考虑获取这 15% 的收益所承担的风险。

为了讲清楚其中的道理，下面以两只基金为例进行分析：假设 A 基金是一只股票型基金，主要投资于大盘蓝筹股，今年的收益率为 15%（这类基金市场上有很多，我们就不去找具体的基金了）。但是，今年的大盘指数上涨了 25%，也就是说，这只基金连指数都没有跑赢。那么你说这只基金好不好呢？很明显，这只基金并不是一只好基金，至少从今年的数据来看，是没有达到标准的。

假设 B 基金是一只债券基金，它所有的资金都用于投资债券，今年的收益率为 8%，而今年的债券指数，只是上涨了 5%。也就是说，这只债券基金，是跑赢了指数，获得了超额收益的。那么至少从过去的这一年来看，这只基金是一只好基金。

因此，在做基金选择和对比的时候，一定要注意：同类的基金才能比较，不同类型的基金是没有可比性的。如何判断两只基金是不是同类基金？其实最主要的还是看其投资标的。

另外，还要注意的是，股票和债券的比例。曾经我帮助朋友选择了两只混合基金，那个朋友也懂一些基金的知识，但是在看了这两只基金的历史收益之后，问了我一个问题：这两只基金都是混合基金，为什么其中一只的历史收益率要高一些，而另一只的收益率要低一些？其实答案很简单，我们去看那两只基金的投资标的就会一目了然。我选择的那两只基金，其中一只股票比例最多可以达到 80%，而另一只最多只有 65%。那么自然长期来看股票比例高的那一只基金会比股票比例低的基金收益高。

所以，如果我们要比较两只基金，就应该找到两只股票、债券占比一样的基金来进行对比。然后选择业绩表现更好、更稳健的那一只。记住：选择基金的时候，千万不能只看基金的收益率，盲目购买。

主动管理型基金的最大回撤率

在挑选、对比主动管理型基金时，除了前面介绍的内容，还有一个指标可以参考，那就是最大回撤率。

什么是最大回撤率？百度词条的解释：最大回撤率是指在选定周期内任一历史时点往后推，产品净值走到最低点时的收益率回撤幅度的最大值。是不是感觉没有看懂？我用通俗的语言来翻译一下：在一定时间内，比如一年以内，基金净值从前期最高点跌到最低点，其下跌的幅度，就是最大回撤率。

还是不能了解？没有关系，下面举例来讲解。假设现在有一只基金，过去的一年，基金的净值从 1 元涨到了 2 元，最后又跌下来，到了 1.5 元。那么基金的净值从 2 元，跌到 1.5 元的下跌的幅度，就是这只基金的最大回撤率。计算公式：（2-1.5）/2×100%=25%。

为什么说这个数据很重要呢？因为这个数据直接决定了我们投资基金的用户体验。试想，我们买了一只基金，然后就不去管了，一年之后发现赚了 50%，这时肯定感觉很舒服。但还是这只基金，如果我们知道它中途赚到了 100%，最后跌了下来，我们才赚到了 50%，那么即便我们最后能赚钱，心里也没有那么舒服。

不仅如此，最大回撤率还代表我们投资这只基金可能会出现的最大亏损（虽然历史数据不代表未来，未来完全有可能会出现更大的回撤，但是历史的最大回撤率依然是我们选择基金可以参考的一个非常重要的指标）。也就是说，我们一不小心买到最高点，基金有可能会让我们亏损多少钱，也就是投资一只基金可能会出现的最坏的情况。建议大家在投资一只主动管理型基金之前，最好关注这个指标。提前做好最坏的打算，在投资时就会淡定很多。

那么问题出现了，在哪里查看这个指标呢？可以参考如下两种方法。第一种非常简单，就是在某些基金销售软件中（比如，天天基金网），进入基金的介绍页面就可以看到最大回撤率这个数据。

2.63%　　　　　**0.38**　　　　　**18.60%**

近1年波动率　　　近1年夏普比率　　　近1年最大回撤

　　并非在所有的基金销售软件中都能够查到这个数据，事实上在很多的软件中都是查不到这个数据的。那么这时就要用第二种方法，即自己估算。在基金的介绍页面，打开基金单位净值最近一年走势图，找出前期最高点和最低点的净值，然后用前期最高点的净值减去最低点的净值，除以前期最高点的净值，再乘以100%，就得到这只基金在最近一年的最大回撤率。

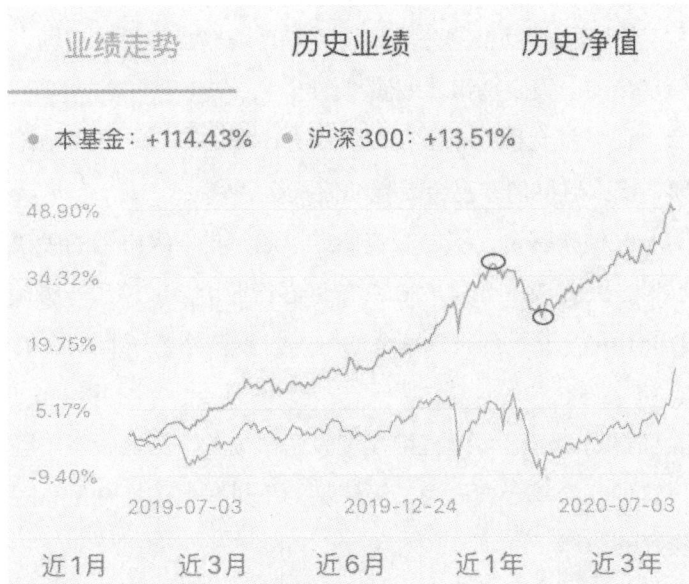

　　主动管理型基金的最大回撤率越低，我们投资这只基金的体验就越好。最大回撤率越低，它还代表着，无论投资者在哪个时候投资这只基金，出现亏钱的概率越低。一般基金经理希望将回撤控制好，但是并不容易。我们在选择主动管理型基金的时候，还是要尽量选择那些回撤率小的基金进行投资。

债券基金的分类

说到基金，我们平时接触比较多的，就是货币基金和股票基金。对于债券基金，大家可能接触得相对少一些。

相比较于股票基金的高额收益，以及货币基金的良好流动性和稳定性，债券基金好像不那么受人待见。这主要是因为债券基金收益不高，一般年化收益不到10%，同时还有一些波动，有时候甚至是负收益，一年的时间下来，收益可能还没有货币基金收益高。因此，债券基金并不那么受大家青睐。

其实，从整个家庭资产配置的角度来说，债券基金是非常重要的一种投资工具，并且从长期来看，债券基金的收益还是要比货币基金的收益高的。特别是股市表现不好的时候，债券市场是投资者非常好的避风港，因此很多的投资组合都是股票加上债券。

下面也科普一下债券基金的分类。按照是否能够投资股票市场，可以把债券基金分为纯债基金、一级债基和二级债基。

顾名思义，债券基金也就是主要投资债券市场的基金。如果全部投资债券，没有投资股票，那么这种债券基金就是纯债基金。

当然也有一些债券基金，不但投资债券，还参与一级市场的股票打新，这种债券基金被称为一级债基。不过，2012 年证券行业协会取消了一级债基的打新资格，又在 2014 年取消了所有债券基金的网下打新资格，所有现在的一级债基已经名存实亡。

还有一类债券基金，是可以直接投资股票市场的，因为股票市场也被称为二级市场，所以这种债券基金被称为二级债基。不过股票的持仓是有限制的，最多不超过基金资产的 20%。

从投资标的的波动和风险的角度来说，大家肯定都知道，股票配置越多，波动和风险也就越大。所以纯债基金波动和风险最低，二级债基波动和风险最高。

当然，上述是从债券基金是否投资股票的情况，来对债券基金进行分类的。而纯债基金的分类，还可以按照债券基金投资的债券种类来进一步分类，分为利率债基金、信用债基金和可转债基金。

主要投资国债、政府债券、金融债的基金，叫作利率债基金。因为这些债券风险较低，收益主要受到市场利率的影响。

投资企业债券、公司债的信用债基金，这类债券的风险会比较大，主要害怕公司的违约风险。

还有就是主要投资可转债的可转债基金。可转债基金，与股市的相关性就很大。波动远比其他的债券基金大，我们投资可转债基金，要注意它的波动性。

上述两种分类方式，都是按照投资标的来进行分类的。和前面讲到的基金的分类一样，债券基金同样也有不同的组织结构，也可以按照债券基金的不同组织结构来进行分类。

按照是否能在股票市场上交易，分为场内债券基金和场外债券基金。按照是否能够开放购买，分为开放式债券基金和封闭式债券基金。按照不同的收费方式，也可以分为 A 类债券基金，B 类债券基金和 C 类债券基金。按照是否主动管理，分为主动债券基金和被动的债券指数基金。是的，债券也是有指数的，也有专门跟踪债券指数的债券指数基金。只不过，债券指数基金的表现，没有主动管理的债券基金表现良好。所以，现在的债券指数基金并不多，主要是主动管理型债券基金。

事实上，债券投资也是一件非常专业的事情，和发债主体的信用等级、市场利率、市场环境等也都有关系。不要说普通投资者，一些专业的投资机构也有踩雷的经历。因此，对普通投资者来说，我们投资债券市场，还是选择优质的债券基金比较好。让专业的基金经理帮助我们做好债券投资。

如何买场外基金更加节约费率

因为做理财科普的关系，经常会有朋友找我咨询与理财有关的问题。曾经有一位买基金的朋友向我抱怨，他说买基金手续费（申购费）太高。他买了 10 万元债券型基金，扣了 800 元的手续费，太心痛了。我说不应该。债券型基金一般是 0.8% 的申购费，但是现在在很多平台买基金，申购费都是打 1 折，也就是 0.08%，这样算下来应该是 80 元的手续费（申购费），怎么会收 800 元的手续费呢？除非，他买基金的这个平台，申购费是没有打折的。

于是我问他："你是在哪里买的基金？"他告诉我说，是在某家银行的手机

App 上买的。我自己从来没有在银行手机 App 上买过基金，为了弄清楚这个问题，我特意在这家银行手机端确认了一下。原来在这家银行的手机 App 上买基金，申购费真的没有打折。

后来我还了解到，不仅这位朋友，还有其他的我的朋友，习惯了用银行手机 App，一直在上面定投基金。虽然她定投的基金是赚钱的，但是因为没有申购费的优惠，白白让她少赚了 1 个点的收益。我们做投资，省到就是赚到。因此，我们应该注意这些投资上的细节，不要让自己的钱白白地被扣掉了。

在基金投资上，也有很多需要我们注意的地方。比如，我们买的非货币基金（股票、债券型基金），7 天不到就去赎回，那么会被收取 1.5% 的赎回费。假设，我们在 7 天内买卖一笔 10 万元的基金，1500 元就没有了。不仅基金短期赎回有高额手续费，持有一定期限的基金，赎回其实也可能会有赎回费用。我们随便找一只基金来举例说明，参看以下截图。

赎回费率（前端）	
持有期限 < 7天	1.50%
7天 ≤ 持有期限 < 1年	0.50%
1年 ≤ 持有期限 < 2年	0.30%
持有期限 ≥ 2年	0.00%
赎回费的持有天数按自然日计算。	

运作费用	∧
管理费率	0.50%（每年）
托管费率	0.10%（每年）
销售服务费率	--

① 管理费和托管费从基金资产中每日计提。每个工作日公告的基金净值已扣除管理费和托管费，无需投资者在每笔交易中另行支付。部分基金管理费以浮动方式提取，具体请以基金公司相关公告为准。

若持有期限为 7 天 ~1 年，则为 0.5% 的赎回费；若持有期限为 1~2 年，则为 0.3% 的赎回费；若持有期限大于 2 年，则没有赎回费。基金公司这么设计，其实是为了引导投资者做长期投资。可能大家会觉得买基金好"坑"，申购要钱，赎回也要钱。其实也有申购不收钱的基金，比如 C 类基金。C 类基金和 A 类基金本质上没有差别，只是收费方式不同。C 类基金是没有申购费的，但是每年会收取销售服务费，比如下图所示的 C 类基金。

赎回费率（前端）	
持有期限＜7天	1.50%
7天 ≤ 持有期限＜30天	0.50%
持有期限 ≥ 30天	0.00%

赎回费的持有天数按自然日计算。

运作费用	
管理费率	0.50%（每年）
托管费率	0.10%（每年）
销售服务费率	0.40%（每年）

① 管理费和托管费从基金资产中每日计提。每个工作日公告的基金净值已扣除管理费和托管费，无需投资者在每笔交易中另行支付。部分基金管理费以浮动方式提取，具体请以基金公司相关公告为准。

同样，7 天内赎回有 1.5% 的赎回费，30 天内赎回有 0.5% 的赎回费，而超过 30 天，就没有赎回费了。不过，它每年会收取 0.4% 的销售服务费，是按照持有天数来计算的。如果我们做短期投资，那么选择 C 类基金更加划算。

为什么短期投资买 C 类基金更加划算呢？参看如下对比表格。

基金费率	一年以内	1~2 年	2 年以上
A 类基金	0.15%+0.5%	0.15%+0.3%	0.15%
C 类基金	0.4%*×/365	0.4%*×/365	0.4%*×/365
注：X 代表基金的持有天数			

以一年为单位来计算，如果是一年以内，那么 A 类会收取 0.65% 的费用，而 C 类只收取 0.4% 不到的费用。但是如果超过一年，那么 A 类会收取 0.45% 的费用，而 C 类会收取 0.4% 以上的费用，持有的时间越久，收取的费用就越高。

所以，如果我们是长期买基金，超过一年以上的，那么选择 A 类基金更加划算。如果是短期买基金，在一年左右，那么肯定选择 C 类基金更加的划算。

最后我们总结一下，买基金如何节约投资成本？首先就是要选择有费率折扣的平台购买基金。很多平台的申购费都是打 1 折的，换一个有折扣的平台买基金，就可以节约 90% 的费用。其次不要短期买卖基金（特别是 7 天内），还要根据不同的投资期限，选择不同收费方式的基金进行投资。

1. 股票型、偏股混合型基金

选择好了优秀的主动管理型基金，我们还需要采用适合的方法去投资。前面在讲股票型指数基金的时候，建议大家用定投的方式去投资。那么对于主动管理型基金，又该采用什么样的方式去投资呢？

这里我们也需要将主动管理型基金进行分类。如果是股票型主动管理型基金，或者股票投资比例很高的混合基金，因为大部分资产投资于股票市场，那么基金的特性也就和股票市场的特性一样，上蹿下跳有着剧烈的波动。虽然有基金经理帮我们管理，但是由于股票这个工具高波动的特性，所以这类基金的波动在所难免。因此，对于这类基金，建议采用长期定投的方式（参考指数基金定投的内容），或者大额分批买入的方式进行投资。

2. 债券基金（二级债基、纯债基金、短债基金）

对于债券基金，主要投资于债券，只有很少部分投资于股票，或者只是投资于债券市场的纯债基金，这类基金的波动很小，一年下来只有几个点的波动。因此对于这类基金，就没有定投的必要，直接单笔投资就可以。

另外，有一类特殊的可转债基金，主要投资于可转债。可转债的波动和股票一样，也是巨大的，所以投资可转债的基金，也建议采用定投的方式。

【第二十一天作业】

（1）坚持记账和储蓄；

（2）在晨星基金网上，选择 3 只主动管理型基金，1 只股票的，1 只混合的，1 只债券的。

第二十二天

场内基金投资实操

主要内容包括：

➤ 一、场外基金和场内基金的差别

➤ 二、常见的场内基金

➤ 三、场内封闭式基金的投资实操

一、场外基金和场内基金的差别

我们在对基金进行分类的时候讲过，基金按交易场所分类，可以分为场外基金和场内基金。这里所说的"场"，是指证券交易市场，能够在证券交易市场交易的基金，就是场内基金，不能的就是场外基金。那么除了交易场所的差别，场内基金和场外基金还有哪些不同呢？

1. 交易对象不同

场外基金，用于投资者和基金公司进行交易。投资者买基金，是通过基金公司申购基金，卖基金是找基金公司赎回基金。而场内基金，投资者的交易对象是其他的基金投资者。投资者买卖基金，是和其他的投资人进行交易和买卖基金。所以，场内基金经常会出现流动性问题，因为有的基金根本就没有多少人买卖，投资者想买也买不了，想卖也卖不出去。场外基金，通常没有这个问题，只是有的基金可能会因为各种情况，暂停申购或者限额申购。比如因为基金公司外汇额度用光，QDII 基金暂停申购。

2. 交易费率不同

投资场外基金，基金公司会收取申购费和赎回费。正常来说，场外基金是百分之几的费率，但是很多销售平台会有折扣，所以现在通常是千分之几的佣金率。而投资场内基金，没有申购赎回费，但是证券公司会收取交易佣金。目前很多证券公司能做到万分之几的佣金率，不过证券公司通常有 5 元每笔的门槛费（也就是买卖一笔最少收取 5 元）。所以对于大额投资基金，在场内买会更节约手续费，小额投资基金更适合场外，并且场外的基金还可以设置定投，场内基金目前不能设置定投。

3. 交易的价格不同

投资者在投资场外基金的时候，并不知道基金的价格。因为即便在交易日下午 3 点之前申购基金，也是按照当天晚上的基金净值成交的。对于当天晚上的基金净值，投资者在投资的时候是不知道的，通常基金公司会在当天晚上公布当天的基金净值。场内的基金受到市场波动的影响很大，和股票一样，价格随时都在波动，但是每一个投资者，都有自己的买价和卖价，投资者可以在买卖的时候，就知道它的成交价格。并且，有时候，同样的一只基金在场外交易和在场内交易价格相差会比较大，这时就会产生折价或者溢价。只要价差足够大，且能够覆盖交易成本，就有套利的空间。

4. 成交的时间不同

投资者申购场外基金，一般在当天下午 3 点之前申购，按当天晚上的净值，第二天才能确认份额成交。如果当天下午 3 点之后申购，那么按第二天晚上的净值，第三天确认份额成交。如果是 QDII 基金，或者在一些第三方平台申购的基金，那么可能还需要更久的时间。而场内基金，只要撮合交易成功，就可以立刻成交。场外基金交易成交更费时间，场内基金交易更及时。只是场内交易也是有时间的限制的，需要在交易时间内交易，也就是工作日上午 9:30~11:30、下午 1:00~3:00 股票市场开市的时间，其他时间是不能进行交易的。

5. 使用的软件不同

场外基金，投资者可以通过银行的手机软件申购赎回，可以通过基金公司直销渠道申购赎回，还可以通过证券公司软件申购赎回，也可以通过第三方基金销售平台申购赎回。而场内基金只能通过证券公司的股票交易系统来进行买卖。

场外基金和场内基金的差异，就先讲到这里。明白了这些差异之后，我们才能知道如何分辨场外基金和场内基金，才能为场内基金的投资打好基础。

二、常见的场内基金

对于场外基金我们见得比较多，但场内基金有哪些？哪些基金可以在场内进行交易呢？下面来梳理一下那些可以在场内进行交易的基金类型。

1. ETF 基金

ETF 基金（Exchange Traded Fund）的全称是"交易所交易基金"或者"交易型开放式指数基金"。这种基金可以在股票市场上交易，同时也可以在一级市场上申购和赎回。只是它和其他的基金不一样，申购和赎回都是要用一揽子股票去进行的。平时我们申购、赎回其他的基金，直接用钱就可以，但是对于 ETF 基金不行，我们申购 ETF 基金，要用一揽子股票去申购，赎回 ETF 基金得到的也是一揽子股票。

不过对普通投资者来说，我们一般很少去申购、赎回 ETF 基金。因为 ETF 基金的申购、赎回最小单位都是 100 万份起。所以，通常一些金融机构会去做 ETF 基金的申购、赎回和套利，而普通投资者更多的是买入 ETF 基金份额。也就是 ETF 基金会把基金的资产拆分为很多份，我们直接买对应的份额就可以。

目前，国内的 ETF 基金都是指数基金（ETF 基金也在不断地发展，在国外已经有主动管理型的 ETF 基金了），我们买 ETF 基金，也就是买指数。与我们在场外买指数基金是一个意思，只是我们通过场内买，成交会更加及时，并且如果买得多，费用也会更低。另外，ETF 基金有套利机制的存在，会让基金的跟踪误差更小。

2. 封闭式基金

顾名思义，封闭式基金就是只有在基金发行的时候，才能够去认购的基金。一旦认购期结束，就不能通过各种场外的基金销售渠道来申购基金了，而且，封闭式基金的总份额也是固定的，募集的时候有多少份就是多少份，不会像开放式基金那样，买的人多份额会增加，卖出的人多份额也会减少。

虽然在封闭期内，我们不能通过基金公司来申购基金，但是在封闭期内，封闭式基金的持有人如果急需用钱，那么可以把封闭式基金转到场内卖出。因为部分封闭式基金可以在证券市场上市交易，所以我们可以从其他封闭式基金的持有人手里购买到封闭式基金。

3. LOF 基金

LOF 基金（Listed Open-Ended Fund）的全称是"上市型开放式基金"。它是既可以在场内进行交易，又可以在场外进行申购、赎回的基金。一般来说，封闭式基金在封闭期结束之后，都会转变成 LOF 基金。

由于 LOF 基金有两个价格（一个是申购、赎回的净值，另一个是场内交易的价格），当这两个价格相差变得足够大的时候，就会存在套利空间。只是我们在场外申购基金和赎回基金，以及转托管基金，都需要时间，所以 LOF 基金的套利时间比较久，不确定性比较大。

4. 分级基金

分级基金是一种伞形基金。一只基金有三个基金代码。一个母基金，两个子基金。母基金和普通的基金没有什么差别，而两个子基金各有特色。分级 A 比较保守，它把钱借给分级 B，分级 A 只收取固定的收益，而分级 B 比较激进，它找分级 A 借钱来投资，在市场行情好的时候，分级 B 可以大赚，而在市场行情不好的时候，可能加倍亏损。

不过由于分级 B 曾经让一些不明真相的投资者亏了很多钱，现在监管机构也不允许新发行分级基金了，而且已经有的分级基金，也被要求逐渐退出市场，并且现在开通分级基金的购买权限，还需要 30 万元的金融资产，所以目前很多分级基金的交易量都很低。不出意外，分级基金将会慢慢地退出市场，成为历史。

三、场内封闭式基金的投资实操

在前面的课程中，讲过基金的分类。基金按照不同的分类方式，可以分为不同类型的基金，而不同类型的基金，又有不同的特性。下面介绍一种特殊类型的基金，即场内封闭式基金。

可以在证券交易市场上交易的基金，叫作场内基金，而场内基金也有很多种，按照不同的基金结构，可以分为 ETF 基金、LOF 基金、封闭式基金和分级基金。按照不同的投资标的，可以分为股票、债券、混合、货币。场外基金有的基金类型，场内基金几乎都有。只是和场外基金比较起来，场内基金的数量要少一些。

那么场内基金和场外基金相比较，有哪些优势呢？

第一，场内基金交易快捷，只要是在交易时间，工作日的上午 9：30~

11:30，下午1:00~3:00，投资者都可以实时交易。只要成交了，基金就实时到账。不会像场外基金那样，当天申购的基金要等到第二天才能买入成功，第三天甚至第四天才能在投资软件中显示出来。

第二，大额交易，场内基金费用更低。一般场外基金的申购费是1.5%，有些平台打折变成0.15%，也就相当于申购1000元的基金，收取1.5元的申购费。而场内基金，是万分之几的佣金，也就是说交易1万元，才收取几块钱的费用。

介绍完了场内基金，再来说说开放式基金。通常我们在第三方基金销售平台上，随时都能买到的，都是场外的开放式基金。开放式基金的规模是不固定的，我们随时都可以申购，而随着申购人数的增加，开放式基金的规模会变大。

同样，对于开放式基金我们也可以随时赎回，随着赎回的人数增多，开放式基金的规模也会缩水。而封闭式基金的基金份额是固定的，比如最开始募集20亿份，那么在封闭期，这个基金的份额就是固定不变的20亿。对于封闭期，每一只基金不同，有的是3年，有的是5年，而封闭期结束后，通常会转为LOF开放式基金，我们既可以正常赎回，也可以在场内进行交易。

可能有的人就会有疑惑：开放式基金这么好，我们随时都可以赎回，为什么还要去买封闭式基金呢？这里要讲一个封闭式基金的优势，那就是从理论上来说，更有可能获得高收益。因为封闭式基金有固定的封闭期，基金经理不用担心基金的赎回压力，可以更好地执行自己的投资策略，能够做到长期投资。这样基金的业绩表现，从理论上来说，应该会更好一些。不过，与开放式基金相比较，封闭式基金流动性还是要差一些，所以现在我们所见到的大多数基金是开放式的。

既然封闭式基金在封闭期内不能申购、赎回，那么这里为什么还要介绍封闭式基金的投资呢？这里需要给大家科普一下，对于封闭式基金，在封闭期内，我们不能找基金公司申购和赎回，但是在封闭期内，部分封闭式基金是可以在股票市场上市交易的，我们可以在股票市场买卖封闭式基金。我们不是通过基金公司买到基金的，而是在其他的封闭式基金的持有人那里买到封闭式基金的。

正是因为封闭期内，封闭式基金不能赎回，但有的封闭式基金持有人可能会急需用钱，不得不把封闭式基金卖掉。这时他们只有在股票市场才能卖掉，但是对投资者来说，肯定会要求有一定的"好处"，才会去接盘。因此通常来说，场内的封闭式基金的实际价格要比基金本身的净值低，只有这样才能卖得出去。这就是场内封闭式基金的折价，相当于我们打折买基金。当然，也不排除在某些特定时间，市场非常疯狂，场内封闭式基金的价格比基金本身的净值还要高。而这就是场内封闭式基金溢价。

当然，作为聪明的投资者，我们肯定要在有折价的时候买基金，并且，折价越大越好。通常来说，在整体市场行情不好的时候，是容易出现折价的，而市场行情越不好，折价也就越高。如果我们在这时买入有折价的封闭式基金，未来一旦市场反转，我们就可以赚到两部分钱，一部分是折价，另一部分是基金本身净值上涨的钱。这样我们的收益率将会极大地提高。

封闭式基金投资的基础理论和背后逻辑介绍完毕，接下来讲解如何实操。

对于实操，可能大家会有如下问题："我怎么知道场内封闭式基金有哪些？我怎么知道这些基金是折价还是溢价？"这里再给大家分享一个网站——集思录（通过这个网站，能够查询到场内封闭式基金的相关信息）。

进入集思录网站，就可以看到"分级基金""可转债""现金管理"等选项。选择封闭式基金，点击进入可以看到如下图所示的页面。

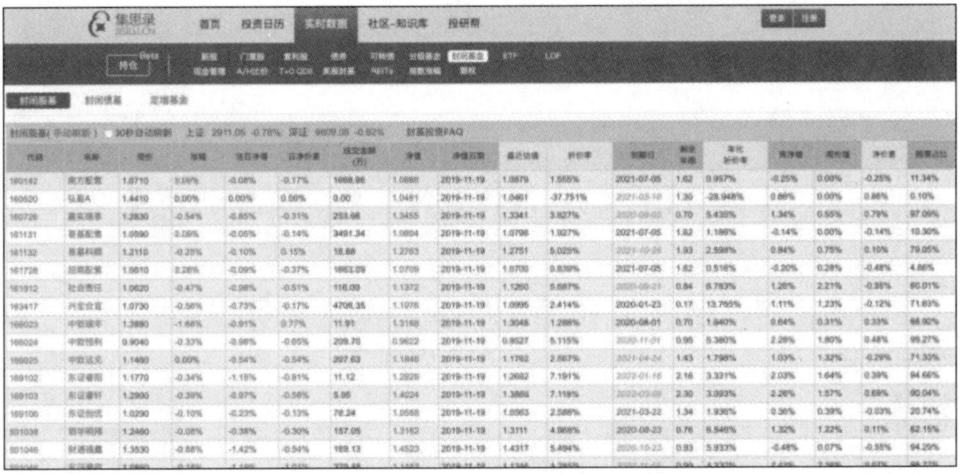

在这个页面中可以看到封闭式基金的代码、名称、现在的价格，当天的涨跌幅，当天的成交额、净值，以及折价率、到期日、剩余年限、年化折价率、股票占比等信息。

在上述所有的信息中，最重要的就是折价率、年化折价率和成交额。我们要选择折价率高的基金。因为折价率越高，相当于我们投资的安全垫越高。假设其中一只场内封闭式基金有 10% 的折价，还有一年的时间就转为开放式基金，那么我们这时买入，即使未来一年基金的净值不涨不跌，我们持有到期，就可以按照基金的实际净值赎回，这样我们一年的收益也有 10%。而即使基金净值下跌，我们也有 10% 的安全垫。

所以，选择场内封闭式基金，最重要的就是看折价率，折价率越高越好。在网站页面中点击"折价率"，网站还会自动排序，可以将折价率从高到低进行排序，如下图所示。

接下来，我们可以选择折价率高的基金，点击基金的名称，进入基金的介绍页面。

这里可以看到基金的重仓股，不过这些信息都不够全面，我们还需要借助晨星基金网。因为这类封闭式基金也是主动管理型基金，所以我们要运用前面介绍的主动管理型基金的选择方法，对基金进行二次筛选。即使基金的折价率高，但如果这只基金的管理人不行，我们也要慎重投资。在同等折价率的情况下，我们要选择基金管理人历史业绩好的基金进行投资。另外，还要注意成交量这个指标，如果成交量太低，那么可能会导致我们无法卖出，所以对于成交量太低的场内基金，我们也要避开。

在晨星基金网输入对应的基金名称或者代码（最好搜代码，最准确，名称有时候会有重复，但代码是唯一的），就可以查看这只封闭式基金的详细信息。

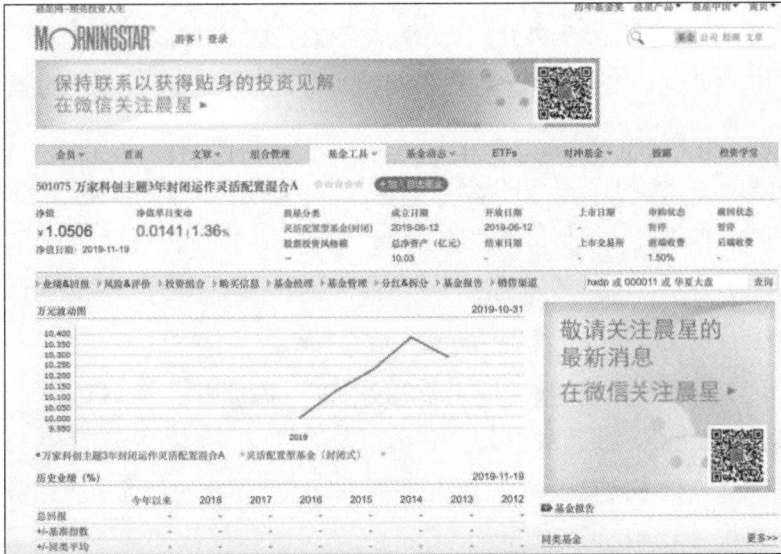

可以看到这是一只新基金，2019 年 6 月才成立，一共有 10 亿元。前面讲过，选择主动管理型基金，主要看基金经理。点击基金经理的名字，进入下图所示的页面。

从该页面中可以看到基金经理的各种信息，以及他所管理的基金。我们可以点击他所管理的基金，查看基金的历史业绩表现。通过这些指标来判断该基金经理的投资能力和风格。判断的方法也就是主动管理型基金的选择方法，这里不再赘述。当然我们还可以找另外几只折价率差不多的基金进行查看和对比，比较基金经理的历史业绩和投资能力。在折价率相同的情况下，我们要选择基金经理历史业绩更好的基金进行投资。

有了前面主动管理型基金的选择基础，可以发现场内封闭式基金的投资方法其实很简单。首先要选择折价率高的基金，通过集思录这个网站就可以搞定。其次要选择优秀基金经理管理的基金，这里通过晨星基金网就可以搞定。最后结合折价率和基金经理以及成交额等指标进行综合判断。

选好了基金，再来看如何购买。这需要我们用到证券账户，在交易的页面中输入基金代码，输入买入份数（场内基金 100 份起卖，但是由于证券交易手续费最少为 5 元，所以一般建议单次买入 5000 元以上，单次买得太少手续费就不划算了），最后点击"买入"即可。

证券公司的软件安全吗

前面讲到，购买场内基金，只有通过证券公司的股票交易系统，才能进行操作，但是一些人对证券公司软件的安全性存在疑虑，有多位朋友曾经问过我，证券公司会不会倒闭跑路，我们存在证券公司的钱，会不会被挪用等这类问题。

对于这些疑惑，我解释过很多次，还是会遇到新朋友有这样的疑惑。看来大家的金融基础知识比较欠缺，所以我还是很有必要在这里给大家详细地科普一下。与保险、银行一样，证券公司也需要牌照，并非想开立证券公司就可以自己去开立的，而发放牌照的也就是特许经营，这种特许经营的行业壁垒比其他的行业要高很多。能够拿到牌照的公司的母公司或者投资人，都要非常有实力才行。我们随便去查看一家证券公司的股东，基本上是国企或者上市公司。一般的证券公司的注册资金也都是上亿元，且必须实缴。证券公司的牌照也是非常稀缺的，截至2020年3月，国内只有131家证券公司。这么稀缺的资源，即使有的证券公司经营不善要倒闭了，也会有大量的资金去接盘。所以证券公司倒闭，基本上是不可能的事情。

另外，我们用来买股票、买场内基金、买可转债的这些资金，即使证券公司不在了，也是安全的。这是因为我们的钱并不是直接存在证券公司，而是存管在银行。如果大家留心就会发现，我们在开户的时候，证券公司都会要求我们开通银行存管。

2014年，我第一次去证券公司开户的时候，证券公司柜台给我一张单子，让我专门去银行柜台开通银行存管。现在方便多了，直接在手机上就可以操作。对于前面讲到的这些投资，证券公司只是提供一个通道服务，我们通过该通道做投资，然后证券公司收取通道费用。

与银行一样，现在证券公司不仅提供通道服务，也做代销业务。就好像一个超市一样，卖各种金融产品。比如，有公募基金、私募基金、资管产品、信托等。这些产品都是由正规的金融机构发行的，产品的安全性没有问题。因为证券公司也有产品审核系统，不合规的产品，证券公司是不会代销的。只是大家要明白，产品本身安全，并不代表我们就能够赚钱。因为不同产品投资的标的（底层资产）不同，而有的标的的风险是很高的。所以不同的金融产品，其风险程度也不同。

不仅如此，证券行业是强监管行业。证券公司的一举一动都在证券行业协会、证监会的监督之下。要发行什么产品，需要提前审核，从业人员也都要通过考试，拿到从业资格证后才能从业。证券公司开展的各种业务也都有专门的规则制度，从业人员还要定期地合规学习。就好比销售金融产品，需要与客户的风险等级相适应，不能把高风险的产品卖给保守型投资者。

另外，很多金融产品还会要求回访留痕。有时候，有的客户对证券公司的一些回访电话会感到比较烦，但其实这都是监管要求的。这么做的目的是保护投资者的利益。

毫无疑问，证券公司本身的安全性是没有问题的。无论是自己发行的产品，还是代销的金融产品本身的安全性肯定也是没有问题的（前提是合规的产品，不是私单）。前面讲过金融产品本身的安全性很高，并不代表我们一定能赚钱。无论我们是在银行、证券公司，还是在其他的平台做投资，最关键的还是要弄清楚，自己投资的工具的底层资产到底是什么。

证券公司软件都有哪些功能

"工欲善其事，必先利其器。"我们要想做好投资，首先要学会运用各种工具。现在我们做投资常用的，就是各种理财投资软件，比如买银行理财产品，用的手机银行 App，买基金用的第三方基金销售平台，炒股票用的证券公司的客户端软件等。

对于这些软件的使用，很多人其实不够了解。比如，很多人就认为证券公司的客户端软件是用来炒股的。下面科普一下，证券公司的客户端软件的各种功能。

其实，证券公司的客户端软件功能非常强大。如果我们想要做好投资，只要用好证券公司的客户端软件就可以了。因为，只要是银行 App 上有的投资功能，证券公司的客户端软件上几乎都有，或者有同类的代替工具。下面举例来讲。

1. 买场外基金

第三方基金销售平台主要销售场外基金，以及设置基金定投。这两个功能在证券公司客户端软件上同样可以实现。在第三方基金销售平台上买基金，申购费会有折扣，但其实现在在很多证券公司客户端软件上买基金，申购费同样会打折优惠。当然第三方基金销售平台也有做得好的地方，那就是基金的挑选和各种数据的展示。另外，还有用户体验，确实要普遍比证券公司的软件好用。

2. 买理财产品

利用各家银行的手机软件，我们可以买到银行的理财产品。同样，利用证券公司的客户端手机软件，我们也可以买到同类的理财产品。只是银行发行的是银行理财产品，而证券公司发行的是资管产品。虽然名称不同，但它们本质上都是一样的，同样有不同的风险等级。

3. 买私募、信托

私募、信托都不是银行或者证券公司自己的产品，都是它们代销的其他金融机构发行的产品。同样，银行可以代销的，证券公司也可以代销。只是私募和信托的门槛比较高，需要 100 万元起投。

4. 国债逆回购

上述 3 个功能是银行、第三方基金销售平台和证券公司具有的功能。证券公司客户端软件还具有特别的投资功能。在某些时间段，金融机构可能会比较缺钱，就会把手中的国债拿来抵押借钱。我们就可以把钱通过国债逆回购借出去，因为有国债做抵押，所以国债逆回购基本没有风险。在市场特别缺钱的时候，收益可能会非常高，最高的时候，短期会有 22% 的收益。而国债逆回购需要通过证券账户来操作。

5. 买收益凭证

收益凭证是证券公司发行的理财产品，也就是证券公司以自己的信用做担保，向投资者借钱。除非在极端情况下证券公司倒闭，不然本金和收益都是有保障的。前面讲过，证券公司的安全性非常高，所以收益凭证是一个比较安全的低风险投资工具。

6. 购买可转债

可转债是一个"下有保底，上不封顶"的投资工具。如果我们在 100 元以下买入，持有到期，只要上市公司不倒闭、不违约，那么我们的本金和利息就是安全的。而在持有可转债的过程中，如果遇到牛市，或者公司本身有利好消息，那么我们将有可能获得高收益，历史上很多可转债有翻倍的收益。后面会详细讲解可转债的投资实操，而可转债只有通过证券账户才可以购买。

7. 购买场内基金

场内基金，如 ETF 基金、封闭式基金、LOF 基金、分级基金等都可以在证券账户中购买。购买场内的封闭基金，通常会有折价，不仅如此，购买场内基金的费用还要比购买场外基金的费用低，场外基金即使申购费打折也是千分之几的费率，而场内基金通常是万分之几的费率。

8. 申购新股

国内主板新股上市采用的是核准制，上市公司的估值会控制得比较低。所以一般新上市的公司，会连续涨停。科创板采用的是注册制，但是由于现在新股还比较少，所以新上市的公司股价也都是大幅上涨的。因此，目前在国内股市申购新股是一个低风险、高收益的投资，而想要申购新股，就需要有证券账户。

9. 买卖股票

很多人以为，证券公司的客户端软件只是用来买卖股票的。相信经过我的科普，能够让大家明白买卖股票只是证券公司手机软件的最基本功能。

上述将证券公司的软件的主要功能都梳理了一遍。可以发现，那些认为证券账户只是用来炒股的想法并不正确。现在证券公司的客户端软件的投资功能，已经非常全面和强大，如果我们能够充分地利用各种功能，那么做好家庭的投资完全足够了。

如何开通股票账户

股票账户不但安全，投资功能还这么强大，那么我们要怎么开通股票账户呢？

开通股票账户就和客户去银行开通银行卡是一样的，原本要求客户本人到线下的柜台才能开通。如果你有时间，可以直接去证券公司的营业部找工作人员给你开通。除此之外，现在证券公司将开户流程互联网化了。我们自己在家也可以通过一个链接页面进行开户，需要提前准备好自己的身份证和银行卡。

开户流程一般是这样的：首先用手机号注册证券公司的软件，然后进入开户流程、上传身份证照片、绑定银行卡、做风险测评、做视频认证。

在自助开户的时候，要注意一些细节。比如在上传身份证照片的时候，一定要保证照片清晰、完整。在做风险测评的时候，不能太保守，对于不能承受任何亏损的客户，证券公司不会给开通股票账户。因为任何投资都是有风险的，不能承受任何亏损的人，会被认为不适合做投资。另外在填写家庭地址的时候，需要填写详细的地址，具体到门牌号等。

如果实在不知道怎么操作，那么也没有关系，可以去找证券公司的从业人员，他们会很乐意教你怎么开户。

注意识别骗子电话

在开通了股票账户之后，我们还要特别注意诈骗电话。我们开通了股票账户，可能会接到各种投资诈骗电话。

常见的骗术就是对方说可以免费给我们推荐股票，邀请我们加群。这里大家要明白一个常识，如果让你加群的人，给你推荐股票可以让你赚钱，那么他自己为什么不去买股票呢？如果他推荐的股票真的能赚钱，那么他完全可以靠自己投资股票赚钱，为什么还要把消息告诉你呢？所以对于这样的电话，大家可以直接挂掉。

还有一些骗子会冒充证券公司的工作人员，邀请你进入后期服务群。对于这样的情况，就需要你去核实。一般来说，在证券公司的软件上和官网上，我们都可以查询到证券公司的联系电话，可以打证券公司的联系电话去和证券公司的客服人员进行确认。如果核实之后，对方确实是证券公司的正式员工，那么是没有问题的。

另外，现在一些骗子的骗术也开始升级了。最开始他们会让我们尝一下甜头。我的一位朋友曾经不知怎么就加入了一个炒股群，然后就有所谓的"老师"带着他们炒股票，而他们每一次都是根据老师的提示进行操作，刚开始每次都能赚点钱，我的这位朋友当时感觉真的是跟对了人。但是好景不长，过了一段时间之后，老师就说最近股市行情不好，他不做股票了，而现在外汇表现好，他要去做外汇，然后开始引导大家投资外汇。刚开始也是让大家赚点小钱，当大家加大仓位的时候，一下子就亏掉了好几万元。

　　金融骗局在不断地升级，我们也要不断地增长自己的知识。要学会识别各种金融骗局，不懂的不要去做，也不要去贪图小便宜。

【第二十二天作业】

（1）坚持记账和储蓄；

（2）选择一只自己认为可以投资的场内封闭式基金，并且尝试性地买入一笔。（注意：场内基金的买卖操作，需要在交易时间内，周一到周五，上午 9:30~11:30，下午 1:00~3:00）

第二十三天

可转债投资实操

———————○

主要内容包括：

➤ 一、与可转债有关的基础知识

➤ 二、可转债的 4 个特性

➤ 三、可转债投资实操

➤ 四、可转债打新实操

➤ 五、可转债中签之后，如何卖出

➤ 六、我为什么不能申购新股

一、与可转债有关的基础知识

巴菲特最重要的投资原则：第一，不要亏掉你的本金；第二，永远记住第一条。做投资的人都知道这是非常不容易做到的一件事。下面分享一款投资工具——可转债，它可以帮助我们轻松地做到这一点。

可转债就是可转换债券。它是上市公司发行的一种特殊债券，和单纯的债券不同，这种债券可以以约定的价格转换为公司的股票。因此，它又是债券，同时具有股票的属性。正是因为它的这两种属性，能够帮助投资者做到"不亏本"。

我们知道，股票市场的波动是巨大的，假设发行可转债的公司的股票跌了很多，那么我们转成股票后反而会亏钱。没有关系，这时我们就选择不转股票，就当成债券拿着。等到期之后，上市公司会把本金和利息一分不少地还给我们（当然，前提是上市公司不违约）。

大家可能会有疑惑，如果上市公司赖账，不还钱怎么办？确实有这样的可能性，但是到目前为止还没有发生过。因为，上市公司要发行可转债是有严格要求的，不是说上市公司想发行可转债就可以的。我国 A 股市场有几千家上市公司，能够发行可转债的公司也就几百家而已。发行可转债的上市公司，需要满足如下条件：

（1）最近 3 年连续盈利，且最近 3 年净资产收益率平均在 10% 以上，属于能源、原材料、基础设施类等公司可以略低，但不得低于 7%；

（2）可转换债券发行后，公司资产负债率不高于 70%；

（3）累计债券余额不超过公司净资产额的 40%；

（4）上市公司发行可转换债券，还应当符合关于公开发行股票的条件。

也就是说，能够发行可转债的上市公司的质地应该不会太差，不还钱的概率是很低的。

不过，如果你只是盯着不亏本或者这微薄的利息，就显得太没有追求了。可转债的魅力在于可以转换成股票，获取远超利息的收益。从历史上看，可转债赚取 30% 是一件非常普遍的事情。那么这又是怎么回事呢？

大家可以想一想，上市公司放着普通的债券不发，为什么非要发可转债？其实这里面是有门道的。首先，可转债的利息很低，与普通债券比，资金成本更低。其次，可转债可以转换成股票，让投资人成为公司的股东。那么这样一来，借到的所有的钱都不用还了。

人性是贪婪的，能少花利息已经很好，但是如果有方法可以不还本金和利息，那么岂不是更好？如果我们站在上市公司角度，也就是借款人的角度来看，那么我们一下子就会想明白。上市公司之所以发行可转债，其实最终的目的就是"赖掉"这笔钱不还。

如何才能"赖掉"这笔钱不还呢？很简单，就是想方设法让可转债持有人转股。在历史上，有很多家公司为了让投资者转股真是操碎了心。有连续发布利好消息、拉升股价的，有把转股价格调低、方便投资者转股的，而且上市公司生怕投资者忘记了转股，在可转债达到可转股的条件之后，上市公司还会发公告提示。

在上市公司发公告提示投资者转股的时候，投资者至少就可以赚 30% 了。因为只有当上市公司的股票在 30 个工作日内有 15 个工作日的价格高于转股价的 30%，上市公司才会发公告让投资者去转股，并且告知说，如果不转股，那么他们会用很低的价格，也就是本金加一点利息，把投资者手中的可转债回购回去。总之，上市公司就是希望投资者转股，他们好不还钱。

由此可见，作为可转债的投资者是幸福的，相当于上市公司想方设法地在帮助投资者赚钱。投资者完全可以不操心，上市公司比投资者还要着急。这就是可转债的"可爱"之处，投资者大概率是可以转换成股票，能够赚到远超过利息的收益的。投资者唯一需要付出的就是时间，一般可转债有 5~6 年的期限。当然从历史数据来看并没有那么久，一般 2~3 年就可以转股。

二、可转债的 4 个特性

可转债是一个非常不错的工具，可以帮助投资者在做到"保本"的情况下，赚到超额收益。部分可转债没有涨跌幅限制，并且实行 T+0 交易，因此它的价格波动其实比股票的更大。如果投资者操作不当，像买股票那样，看到可转债上涨了，就疯狂买入，看到跌了又赶紧卖出，那么投资可转债还是会亏钱的。

因此，投资可转债的方法也是很重要的，而要找到适合自己的投资方式，还需要投资者更加深入地认识可转债。下面来讲解可转债的 4 个特性。

1. 正股价和转股价

前面讲过，可转债是由上市公司发行的。既然如此，那么上市公司在证券市场上就有一个股票交易的价格，这个价格是随着市场行情波动的。对于该股票的交易价格，我们称其为正股价格，简称"正股价"。正股价是我们认识可转债的第一个名词。

与正股价非常接近的，还有一个转股价。转股价也就是可转债约定的，我们可以把债券转换为上市公司的股票时的股票价格。与正股价不同，转股价不会每天上下波动，除非触动条款需要去调整，一般情况是不会变化的。转股价的确定需要满足一定的条件，一般来说，转股价不低于可转债募集说明书公告日前 20 个交易日，公司股票（正股价）的交易均价。

2. 下调转股价

了解了正股价和转股价之后，我们再来看看下一个名词：下调转股价。转股价的设定需要满足一定的条件，那么上市公司为什么要下调转股价呢？因为，正股价是随着市场行情波动的，如果股价走势良好，那么自然是皆大欢喜，投资者乐于转股，上市公司也不用还钱了。而事实很有可能恰恰相反，股价不但不上涨，反而下跌不少。那么这时投资者肯定都不愿意去转股了，但是上市公司为了不还钱，肯定会想办法让投资者去转股。这时下调转股价条款就有用了，上市公司可以召开股东大会，下调可转债的转股价。转股价一下调，正股价一反弹，大家都可以去转股（其实，下调转股价就是为了方便投资者转股的）。

当然想要下调转股价，也是有条件的。首先，要在连续 20 个交易日中有 10 个交易日正股价的收盘价低于当期转股价的 85%。其次，下调转股价还需要股东大会表决，要超过三分之二以上通过，方可实施。最后，下调后的转股价不得低于股东大会召开前20个交易日正股价的交易均价和前一个交易日均价之间的较高者，同时修正后的转股价格不得低于最近一期经审计的每股净资产和股票的面值。

3. 回售条款

下调转股价对可转债持有人来说极为有利。不过上市公司有下调转股价的权利，但没有下调转股价的义务。也就是说，上市公司可以不下调转股价。如果上市公司的正股价下跌了很多，而上市公司并不下调转股价，那么投资者岂不就只有干瞪眼了嘛？答案是否定的。因为我们还有可转债的回售条款。

如果正股价一直下跌，比如：公司正股价连续30个交易日低于转股价的70%时，上市公司也不下调转股价，让投资者看不到转股的希望。这时，投资者就可以找上市公司，把可转债回售给上市公司，拿回本金和利息。回售价格通常按面值的103%或者面值加当期年度利息来计算（这个条款是保护投资者的，如果上市公司不作为，投资者就可以选择退出。真的应该给可转债制度的设计者点赞）。

4. 强制赎回条款

前面讲了保护投资者的回售条款，那么有没有保护发行公司的条款呢？有的，那就是强制赎回条款。

强制赎回条款的内容大概是这样的：如果本公司的股票（正股价）连续30个交易日中，有20个交易日价格都高于转股价的130%，如果投资者还是拿着可转债不去转换成股票，那么公司有权利按照票面价值的103%赎回可转债。

通俗来讲就是，现在可转债转成股票马上就可以有30%多的收益，大家快去转股吧，如果不转股，那么我就以低价赎回了。遇到这样的强制赎回公告，其实投资者应该高兴，因为一旦触发强制赎回条款，说明投资者至少可以赚到30%的收益。大家要注意的是，不要忘记或者错过转股，最后真的被赎回了，就不划算了。

上述就是我们要搞懂可转债的最关键的4个要素。当然还有其他内容，比如转股期，并非可转债一上市就可以转股，而是要等到半年之后才可以转换成公司股票。对此大家适当了解即可。

三、可转债投资实操

了解了可转债背后的投资逻辑后，就可以开始做可转债的投资实操了。当然可转债的投资方式有很多种，这里介绍两种适合初学者的投资方式。分别是：可转债打新和摊大饼低价可转债投资策略。

第一种投资方法，就是做可转债的打新。我们可以利用雪球、同花顺或者东方财富网等软件或者网站，去查询可转债上市的信息。在这里分享一个我自己用的网站——东方财富网。在该网站中有可转债申购数据，我们可以查看有关可转债打新的所有数据。

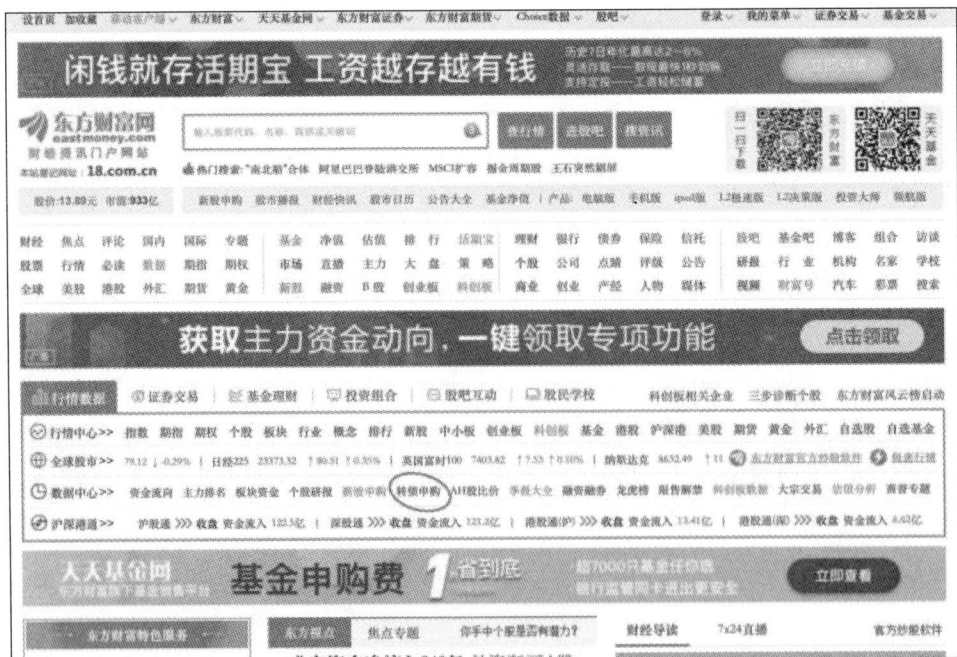

从上述截图中可以看到可转债的发行日期、上市日期、发行规模、转股溢价等数据。投资者打新的时候，主要看的指标就是转股溢价率，这个数值越低越好，最好为负。对于新债来说，如果溢价率为负，那么说明转股价格低于现在上市公司的股价。如果能够中得这样的可转债，上市的时候溢价率保持不变，等到可转债上市，那么大概率可转债价格是高于发行价的。另外一个指标是可转债的评级，AAA 的评级是最高的，可转债的评级越高，说明债券违约的概率越低，一般这个评级的可转债是很少破发的。

当然可转债打新也是有风险的，因为从投资者中签到可转债上市期间有 10~30 天的时间，如果在这段时间，上市公司股价剧烈下跌，那么投资者中签的可转债是有可能会破发的。这也和整体市场行情有关系，如果整体市场行情不好，可转债破发的概率就会比较大。如果整体市场行情好，那么新的可转债几乎不会破发。可转债打新的具体操作方法，稍后会讲到。

第二种投资方法，就是摊大饼低价可转债投资策略。简单来说，也就是买入多只价格在 100 元以下的已经上市的可转债，然后长期持有，等到可转债价格上涨达到自己盈利目标时卖出获利。这种方法需要时间，需要耐得住寂寞，有的可转债可能会一直不涨。那么到哪里去找 100 元以下的可转债呢？还是前对面推荐的集思录网站（可转债评级也可以在这个网站查询得到）。

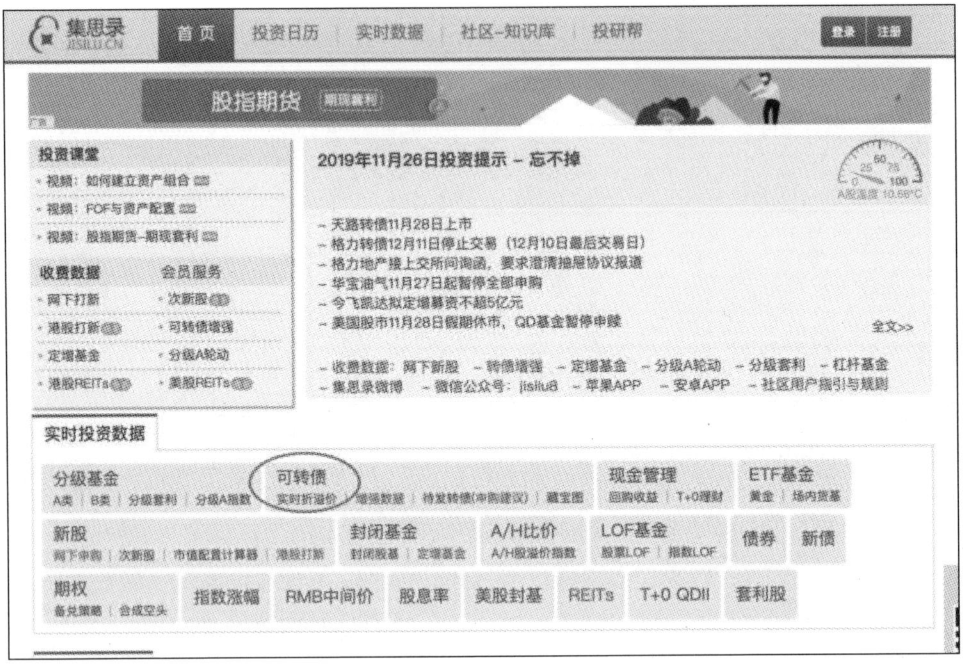

进入集思录网站之后，点击"可转债"，进入下图所示的页面。

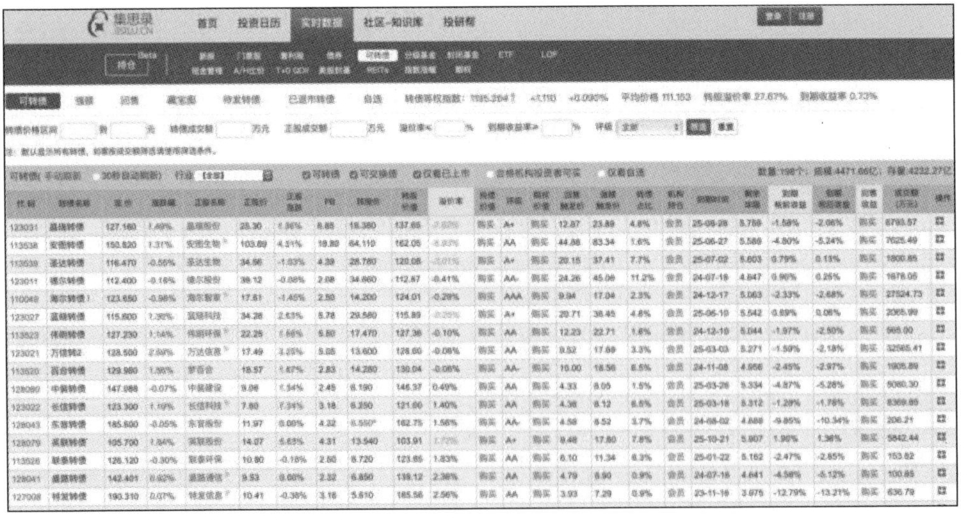

在这个页面中可以看到所有的可转债。包括可转债的各种信息，如现在的价格、溢价率、成交量等信息。我们要找价格低于 100 元的可转债，需要点击"现价"，网站就会自动按照可转债价格由低到高或者由高到低进行排序。

我们可以从这些价格在 100 元以下的可转债中去选择进行投资。在该图中，可以看到有多只可转债价格都是在 100 元以下。这时，就要看可转债的溢价率，溢价率越低越好。

除此之外，投资者还需要研究发行可转债的上市公司的质地，所处的行业以及未来的发展前景、公司的竞争力等。尽可能地选择那些上市公司质地优良、行业好、公司竞争力强的公司发行的可转债。

同时，我们还可以多选择几只 100 元以下的可转债构建一个组合。这样即使一只可转债价格不涨，总有其他的可转债价格会上涨。这样就能平滑波动，提高赚钱的概率。而且，因为我们分散了多只可转债投资，即使其中一只表现不好，也只是占我们投资的一部分，对我们整体的投资影响有限。

另外，还有一点需要注意，就是有时候可转债市场可能会特别火爆，典型的表现就是市场上价格在 100 元以下的可转债很少。这时，我们就要慎重，最好先暂时观望一下。

四、可转债打新实操

可转债打新其实非常简单，只要我们有证券账户就可以操作。不需要账户中有钱，也可以申购可转债。

我以自己使用的证券软件为例，给大家截图展示一下。当我们开通证券账户以后，打开对应证券公司的手机软件。在首页就可以看到有很多的选择，比如银证转账、业务办理等。因为证券公司的账户功能很多，可以买基金，可以买理财产品，还可以买股票，所以我们刚刚开始使用的时候，对于一些功能不容易找到。不过使用久了，习惯了就会很顺手。

在软件首页进入"机会"页面。在该页面中找到"新股申购"，点击进入，就可以看到当天可以进行申购的新股和新债。选择"一键打新"，就可以进入新股和新债的申购页面。由于新股需要有股票市值，如果没有，那么我们是没有办法申购的，不过可转债不需要市值，我们可以进行申购。

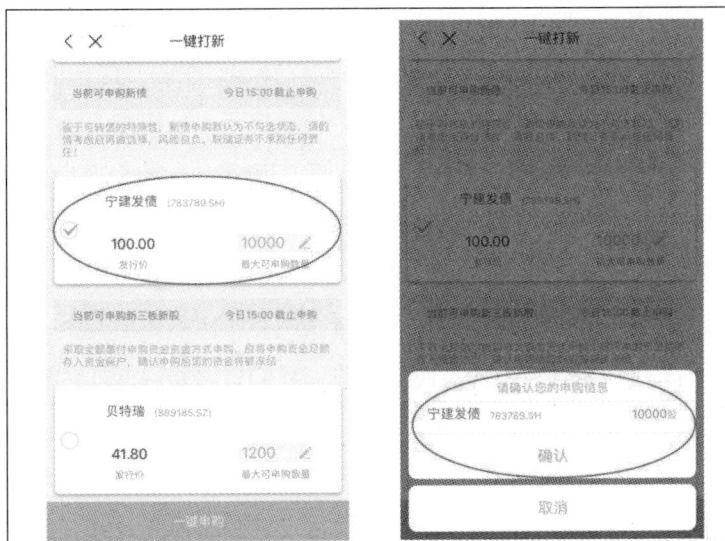

需要注意的是，从该图中可以看到，"最大可申购数量"是 10000 股，直接选择最大数量申购即可。有人会有疑惑："我申购 10000 股，一股需要 100 元，那么我不是要准备 100 万元吗？"这是你们想多了，可转债打新的中签率并不高，一般只能中 10 股，运气好的可能中 20 股。而选择最大数量申购，分配的抽签号会更多，中签的概率会更大。如果你选择申购 10 股，那么你基本是不能中签的。我经常选择最大数量申购，也都没有中签。

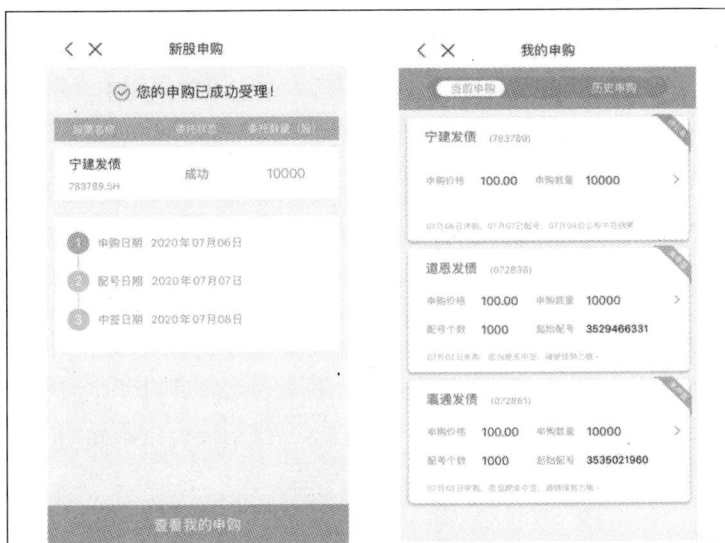

申购好了之后，一般过两天会公布结果。有的证券公司会发短信提醒，有的需要我们自己通过软件查看。在历史申购中可以查看，在证券持仓中也可以查看。

如果中签，那么需要我们往证券账户中转入资金（公布中签的当天就转入，过了时间会被视为自动放弃）。如果中 10 股，那么转 1 000 元就可以；如果中 20 股，那么转 2 000 元就可以。转账的方式，是通过银证转账。

新债中签之后，不能直接从我们绑定的银行卡里面扣钱，只能从证券账户中扣钱，因此需要我们自己去操作，转入资金。还要注意不要把资金拿去买基金或者其他的理财产品。到时间系统会自动扣费，我们只需要保证证券账户中有足够的资金余额就可以。

我一般建议大家提前把钱转入证券账户中，因为等到中签之后再去操作，有的人可能会忘记。忘记转入资金，不但会白白浪费一次机会，而且如果累计 3 次中签之后都不缴费，那么还会影响我们后期打新。

五、可转债中签之后，如何卖出

完成了缴费之后，接下来就需要等待，等待可转债上市交易。有的人巴不得今天中签，明天缴费，后天就卖出获利，但哪有这么好的事情？一般来说，可转债中签缴费之后，需要等待一个月左右的时间。当然每一只可转债从中签到上市的时间都不一样，具体每一只可转债什么时候上市，需要查看该上市公司的公告。通常在东方财富网站上，通过可转债申购数据也可以查询得到。

另外，在等待可转债上市的过程中，深圳证券交易所发行的可转债，会只显示可转债的代码，不能显示具体的名称。在盈利那里，会看到盈利是负的 1 元多，这是可转债交易的手续费。这些都是正常的情况，大家不用担心，也不用去管它，等着上市即可。

那么，可转债上市之后什么时候卖出？我们做可转债打新，一般上市当天就卖出。除非对于有的可转债，你自己非常看好，觉得这只可转债还能继续上涨，那么你可以不卖，等到你觉得适合的时候再卖出。

本钢发债	0.000	10	100.000
1000.000	0.000%	10	--
128110	-1.020	10	100.102
1000.000	-0.102%	10	100.000

　　那么上市当天什么时候卖呢？这就没有具体的答案了，有时候是开盘时价格最高，有时候是下午收盘之前价格最高。我们是很难卖到最高点的，我自己一般在上市当天，价格比较稳定了就卖出。我们做的是可转债打新，不是炒新。

　　最后还有一个问题，就是怎么卖出？经常有学员发给我截图，问我可转债有没有卖出去。还有的同学发给我截图说，自己昨天明明卖出了，怎么今天看，又没有卖出去呢？这个问题是大家不懂得可转债交易细节造成的。那么具体是怎么回事呢？这要讲到可转债的交易系统。

　　可转债（包括股票、场内基金）的交易系统，通俗来讲，就像我们去菜市场买菜一样。比如各家都在卖白菜（假设各家白菜品质都是一样的），有很多的人在卖，也有很多的人在买。那么每一个卖的人都有自己的卖价，而每一个买的人也都有自己的买价。最后的成交价格，肯定是市场的最低卖价和最高买价。其实很好理解，我们从买家的角度来想，肯定会买最低的价格的。如果最低价格的白菜卖完了，那么大家会去买第二低价格家的白菜。

	卖出				
买入	卖出	撤单	持仓	查询	更多

128111 中矿转债	卖5	126.591	38
限价 − 126.880 +	卖4	126.590	4
	卖3	126.585	2
全价126.880　利息0.00	卖2	126.584	4
	卖1	126.560	1
卖出量	买1	126.500	795
	买2	126.300	190
可卖10张	买3	126.260	15
全仓　半仓　1/3仓　1/4仓	买4	126.161	87
卖出	买5	126.150	300

我们想要把可转债卖出去，也是同样的道理。如果我们想要快速地把可转债卖出去，那么肯定需要选择市场最低的价格去卖出。那么，哪个价格是市场的最低价呢？就是买方愿意出的最高价，在我们的系统中显示出来，就是买一的那个价格。

市场上有很多人都在交易，很可能这一秒，买一价格的买家就买完了。即使挂的是买一的价格，也不一定能够及时成交。所以有的人之所以没能够卖出可转债，是因为其设置的卖出价格比买一的价格高。那么这样的情况是不能马上成交的。需要等到后面买的人把更低价格的全部买完，才会买他的。但是如果一天当中，都没有把更低价格的可转债买完，那么他的可转债就卖不出去了。

所以大家要注意：并非我们挂了卖出的单子，可转债就卖出了，而是要等到成交之后，才算是真正的卖出。如果想要尽快卖出，那么怎么办呢？答案是在撤单中把你前面挂的卖单撤销掉，然后重新设置更低的卖价，再次挂单卖出。

〈		撤单			
买入	卖出	撤单	持仓	查询	更多
委托日期	委托时间	证券代码	证券名称	买卖标	
20200707	10:01:11	128111	中矿转债	卖出	

想要快速成交，一般选择买一的价格卖出。如果不是极端情况，那么选择买一是能够成功快速卖出的。

其实无论是可转债，还是股票或场内基金的买卖，都是同样的道理。我们想要快速买进，就选择卖一的价格，想要快速卖出就选择买一的价格。当然我们也可以自己挂一个理想的价格等着成交，但不一定能够以我们挂的单子成交。

最后，怎么看是否已经卖出、成交了呢？其实很简单，就看可转债的持仓数，如果持仓数显示为零，就说明已经卖出去了。

名称/市值	浮动盈亏/比例	持仓/可用	成本/现价
中矿转债	250.030	0	100.000
0.000	25.003%	0	125.003

如果显示的是"可用"为零，"持仓"不为零，那么说明你只是挂了卖出的单子，并没有真正地成交。这时，如果你想要快速卖出，就需要去撤单，重新设置卖出价格。

六、我为什么不能申购新股

在讲了可转债打新之后，很多人都热情高涨，开始了可转债打新操作。不少人在操作证券账户打新的时候，又发现了新股的打新，也跟着申购，却发现自己无法申购，于是问我："怎么自己没有办法申购新股呢？"

这说明这些人对新股申购制度还不是很了解。所以在这里，再给大家做个科普。在股票市场打新股，如果能够中签，那么我要恭喜你，你可以坐等数钱了。

目前，除了科创板和创业板，其他板块上市的公司都采用核准制。会把上市公司的估值压得比较低，而且上市的新公司的数量也很少。所以只要是新上市的公司，一般来说会连续涨停。而科创板和创业板虽然是注册制，但是因为目前上市的新股不多，同样非常稀缺。所以，其通常也是会大幅上涨的（不过后面上市的新股会越来越多，未来国内的新股也可能出现上市就破发的情况）。

根据不同的新股情况，中一手新股少的赚几千元，多的则赚几万元。比如前段时间的科创板新股上市，有多家公司的新股在上市首日都可以赚10多万元（科创板前5个交易日，都没有涨跌停限制）。我们平均一下，中一只新股，赚2万~3万元是很正常的。所以，新股打新的收益要比可转债打新的收益高很多。

那么为何我最开始没有讲新股打新，而是建议大家做可转债打新呢？这是因为门槛不同。可转债打新，人人都可以参加，只要我们开通了股票账户，都可以申购，但是打新股需要我们有股票持仓，并且股票持仓还要进行细分，要持有对应证券交易所的股票才行。如果股票持仓市值少，那么中签概率也不高。

A 股有 2 个证券交易所，分别是上海证券交易所和深圳证券交易所。在两个证券交易所下面还划分了不同的板块。上海证券交易所有主板（股票代码 600 开头）和科创板（股票代码 688 开头），深圳证券交易所分为主板（股票代码 000 开头）、中小板（股票代码 002 开头）和创业板（股票代码 300 开头）。我们以后看上市公司的股票代码，就可以知道它是在哪个市场上市的。

一般我们在开通股票账户的时候，开通的是上海主板以及深圳的主板和中小板，创业板和科创板是需要单独开通的。目前开通创业板需要 2 年的股票交易经验和 10 万元的资产，而开通科创板需要 2 年的股票交易经验和 50 万元的资产。

如果我们想要申购在上海证券交易所上市的股票，那么需要持有上海证券交易所的股票市值。如果申购在深圳证券交易所上市的股票，那么需要持有深圳证券交易所的股票市值。而如果申购创业板或者科创板的新股，那么我们还需要单独开通创业板和科创板。没有开通，是不能买卖该板块的股票的，自然也就不能参与该板块新股的申购。

不仅申购新股需要开通对应的板块，申购可转债也是一样。前段时间，我的一位朋友申购可转债，发现对于有的可转债自己没有办法申购。其原因就是那家发行可转债的公司是创业板上市，而我的朋友还没有开通创业板，所以对于创业板上市公司发行的可转债是无法申购的。

那么，新股申购的额度是怎么计算的呢？在上海证券交易所持有 1 万元市值的股票，可以申购 1 000 股新股，而 1 万元以下的市值，不计算申购额度。在深圳证券交易所持有 5 000 元市值的股票，可以申购 500 股新股，同样 5 000 元以下的市值，不计算申购额度。特别注意的是，要了解新股申购（T−2 日，T 日为发行公告确定的网上申购日）前 20 个交易日的日均股票持仓市值。

新股和新债打新，不是我们申购就可以中的，而是要进行摇号，上海证券交易所申购 1 000 股会有一个配号（相当于一张抽奖券），深圳证券交易所申购 500 股会有一个配号。所以，我们持有的股票越多，所获得的配号也就越多，中签的概率也就越大。

对于可转债打新，之所以大家都能经常中签，是因为我们都是顶格申购的。而我们在打新股的时候，由于没有足够的股票持仓市值，往往不能做到顶格申购，所以中签的概率就很小。因此，新股申购适合股票持仓比较多的投资者。对没有股票持仓的投资者来说，是没有新股的申购额度的。

【第二十三天作业】

（1）坚持记账和储蓄；

（2）查询可转债打新数据；

（3）做一笔可转债买卖交易。

第二十四天

我的理财投资实操

主要内容包括：

➤ 一、我是如何理财的

➤ 二、理财总结

一、我是如何理财的

在本书的最后，不知道读者是否感到好奇："笔者是怎么理财的呢？你给我们讲了这么多，那么你自己的理财做得怎么样了呢？不要自己的理财做得一团糟，还来给我们讲理财，那就有点尴尬了。"在这里可以肯定地告诉大家，这是不可能的。我给自己的定位是"90后"理财行动派。理财不仅需要掌握理财知识，关键还在于实际的运用。所以，下面给大家分享一下，我自己是怎么做理财的。我一直觉得，如果自己没有理好财，是没有资格给别人分享理财的。

努力地提升自己的能力

我们的收入，其实是与自己的能力相适应的，我们的能力提高了，收入自然会水涨船高。所以，在过去的这些年，我一直不断学习，提高自己的能力。首先我做了大量的阅读。从我开始研究理财到现在，我看的理财类的书籍不下100本了。不仅阅读书籍，我还参加专业的培训和考试，比如理财规划师考试以及证券、保险、基金协会的从业资格考试等，让自己在理财这个细分领域做足够的积累和沉淀。

在前面的课程中讲过，分享是一种非常好的学习方式，过去的这几年，我也一直坚持分享，去帮助身边的朋友学习理财。

坚持写作。在我写这本书的时候，我在公众号已经更新了524篇文章，坚持了5年的时间。我还将自己的文章同步到各大理财论坛、媒体平台。曾经有多篇文章都有几万、十几万、几十万的浏览量。不仅如此，还有财经杂志的编辑找我约稿，转刊我的多篇文章。现在我有机会出版这本书，也是因为这些理财文章被出版社的编辑发现了。

坚持录电台。有些人不习惯看文章，因为看久了之后会觉得眼睛累。正好我以前做过婚礼主持人，所以就想到把自己的这些原创文章录制成电台节目。我把这些音频节目上传到喜马拉雅、蜻蜓 FM、网易云音乐、懒人听书等平台，目前在多家平台都有上百万的播放量，经常有听众通过电台来加我的微信公众号，给我留言说听我的电台有很多收获。能够得到大家的认可，让我感到很开心，这也激励着我继续分享下去。

坚持做课程。分享的内容多了，就有一些机构找到我，问我能不能做系统课程。于是在 2018 年我就和网易云课堂等平台合作，推出了《理财小白入门必修课》和《21 天轻松告别月光族》。不仅如此，我还利用这些系统课程打造了理财实操训练营。

这些年来的坚持，让我的综合能力得到了很大的提升。最直接的反映就是，这几年我的主动收入一直在稳步上升。我其实一点儿都不担心自己的收入，需要考虑的是，如何提高自己的能力，去创造更大的价值。能力提高了，收入的增加是自然而然的事情。

坚持践行理财思维

知道很容易，做到很难。我一直要求自己做一个理财行动派。过去的这几年，我坚持开源，我的月收入从最开始的几千块，到后来的上万元，到现在……未来还会更多。

坚持记账。写这部分内容的时候，我打开记账软件查看，发现正好记账 1831 天，也就是刚好 5 年的时间。通过记账，我能看到每年自己的收入在增加，知道自己的钱都花在了哪些地方。当然，现在我没有像最开始的时候那样，去记录每一笔支出。因为我已经养成了良好的消费习惯，每个月的开支都控制在合理的范围之内。

坚持储蓄。这几年我是有自己的储蓄计划的，当我拿到收入之后，首先去完成储蓄计划，有剩余的钱，再拿出来消费。所以我在前面说，我已经养成了良好的消费习惯了，其实我给自己预留的可消费资金很少。

那么我的储蓄计划是怎样的呢？首先就是买房，2019 年我投资了一套折价房子，现在我有两套房，每个月的房贷是 6 000 多元。其次是主动管理型基金定投计划，我每个月要投 2 000 多元。最后我还有指数基金定投计划，每周都在坚持定投。

坚持投资，这几年我做了各种各样的投资。刚刚说的，我投资了房子，并且我买的是折价房子，虽然最近这几年房地产市场不好，但是我依然没有亏钱，还有一点小涨幅。主动管理型基金定投是从 2018 开始的，收益在波动高的时候有 30% 多，在我写这部分内容的时候，因为疫情的影响全球股市大跌，我看了一下账户回撤了不少，但是依然有浮盈。还有指数基金定投，我投资了 4 年多的时间，在 2019 年年初，就收割了一部分，有 15% 的平均收益。后面陆续又有一些止赢，并且重新开始新一轮的定投。对于中短期的投资，我配置了债券基金，投资了可转债和场内基金，以及尝试性地投资了股票等。

努力打造被动收入。在网上写文章坚持分享，不但可以帮助和影响更多的人正确认识理财，避免理财中的"坑"，还可以靠着自己的原创知识，去打造被动收入。比如我的收费课程，只要有人来报名，我就有收入。在最开始我就给大家分享过，通过知识产权打造被动收入，是打造被动收入的一个重要渠道，我不仅在分享，事实上自己也是这样做的。

我做出这样的选择，其实是结合自己的性格而做出的，我偏内向，脾气较直，情商不是很高，不太适合与人打交道。所以，我想到自己更加适合的，就是做知识原创。现在，撰写这本书，也是我创造被动收入的一个途径。

坚持做好财富管理

1. 现金管理

那么，我对自己现有的资产是怎么安排的呢？对于现金管理，我自己有 6 张信用卡。我并没有去专门养卡，都是正常地使用，有多张信用卡都有几万元的信用额度。按照我们目前的家庭开支来说，其实 2 张信用卡就足够了。所以，我大多绑定支付宝微信，能够用信用卡的地方，统统都用信用卡。其他的钱，都是在各种宝宝类（货币基金）产品中。

2. 风险管理

风险管理是家庭理财的基础，学完了课程，相信大家应该知道我的策略了。

那就是配置性价比高的消费型的保险产品，充分利用保险的杠杆作用，花最少的钱，买到足够的保额。

对于重疾保险，我买的是定期消费型的，缴费 20 年，保障 30 年，当时我买得早，一年才几百元钱。当时我就买到了 20 万元的保额，现在这款产品已经停售了（主要是涨价了），早知道当时应该再多买点保额。

另外，我还参加了支付宝的相互保，也有 30 万元的重疾额度。对于医疗险，买的是支付宝上的好医保，人保那一款，可以保证续保 6 年，有 400 万元的住院医疗报销额度。意外险我买的是一年期消费型的，每年缴费 150 元，有 50 万元的额度外加 5 万元的意外伤害医疗。对于寿险，我还没有配置，主要是因为现在还没有孩子，没有感觉到家庭责任。同样，对于其他的家庭成员，我都为他们配置了保险，且都是选择性价比高的产品。

3. 其他投资

除此之外，我还有其他的一些投资，比如可转债、场内基金、主动管理型基金、债券基金等。对此也都在前面的课程中给大家做了分享。

我的收获

过去这几年，坚持做好理财，让我真的收获满满。前段时间和一个很久没见面的朋友聊天，朋友说我看起来成熟了。我以为是自己老了，朋友说不是，是真的成熟了。或许这就是我自己的一个最大收获吧，这几年我一直在不断地坚持学习，这让我更加自信，而这种自信的感觉，会不经意间由内而外散发出来。

以前在跟人聊天时，经常说着说着就不知道该说些什么了。现在，如果聊到理财投资的话题，我能够不打草稿，讲一个下午。我能感受到自己的能力在提高，正如我前面所说，能力提高了收入自然会不断地提高。

不仅如此，经过几年的理财和投资实践，我的资产也翻了很多倍。当然这主要是因为最开始自己也没有什么资产。最重要的是，我收获了很多粉丝的关注和认可，无论是网络上的粉丝，还是身边的朋友，他们都让我很有成就感。坚持理财，能够收获什么？理财真的有用吗？我用自己 5 年的实践，给出了我的答案。

二、理财总结

既然我反复强调大家写读书笔记做总结的重要性，那么我在此对整本书进行总结。总体来说，本书主要包含了 3 部分内容。

第一部分，在没有钱的时候，我们该怎么理财？

这部分讲了与理财有关的基础知识，帮助大家树立正确的理财观念。然后分别讲了提高收入和控制开支。其实目的都是帮助大家存下钱来。因为没有本钱，后面的所有理财计划都是白搭。这部分内容是基础，但是非常重要，它是我们家庭和个人理财的地基，如果这部分没有做好，就不要谈做好理财了。

第二部分，有了钱之后，我们该如何规划？

首先，我让大家去梳理自己或者家庭的财务状况。可以参考本书提供的收入支出表格、资产负债表格，以及财务比率分析表格。只有先弄清楚我们自己现在的财务状况，才能知道自己哪些做得好，哪些做得不好，才能知道如何改进。

然后，讲了家庭资产配置的整体思路。第一，要保证自己有钱花，也就是要预留 3~6 个月的生活开支。第二，管理家庭和个人的各种风险，主要是通过配置保障型的保险来实现的。第三，长期投资安排 10 年以上的，比如我们的养老金以及孩子的教育金。第四，对于中短期投资安排，这里的中短期是指 10 年以内的投资。另外，还有一些高风险的投资以及创业。当然普通的家庭做好前面 4 项就足够了。

其次，介绍了全球资产配置，帮助大家开阔眼界。特别是资产足够多的家庭，更加需要全球资产配置来分散风险。接着，介绍各种理财投资工具。因为只有我们了解了各种工具的特性，我们才会知道该挑选什么工具，来做好家庭理财规划。

第三部分，各种理财工具的实操。

这部分讲了如何做好现金规划，合理利用信用卡和货币基金，让自己有钱花。然后讲了该怎样配置保险，我们如何用最少的钱，买到足够的保额，做好个人和家庭的风险管理。接着让大家去计算自己的养老金缺口，并且给出了我自己的养老金储备计划，用核心地段的房子加指数基金定投的方式，来准备自己的养老金。

紧接着，讲了指数基金的投资实操，教大家怎么去选择低估的指数基金，以及提前讲了在指数基金的投资中需要注意的事情。还讲了主动管理型基金的选择方法、场内封闭式基金的投资方法和可转债的投资方法。最后，给大家分享了我自己的理财投资实操。

24 天的学习暂告一个段落，大家需要知道的是，理财投资包含的知识真的非常多。没有办法只通过 24 天的时间，让大家变成理财高手。从理财小白到理财高手，中间还需要大量的实践和经验的积累。这些经验的积累是需要时间的，有一些路是大家必须要自己去走的。比如股票指数基金的定投，如果没有经历一个完整的牛熊周期，你是没有办法完全掌握的。我把自己这些年的经验总结分享给大家，是想让大家少走弯路，能够快速地进入理财的大门，避免掉进理财的陷阱和坑。

理财是需要我们用一生的时间去学习和实践的，大家还需要继续学习和实践，不是说看完这本书就完了。大家一定要按照书中的要求，去认真地完成每天的实操。如果你自己放弃了，那么可能你就止步于此了。如果大家在学习的过程中遇到问题，可以来我的微信公众号：胡瑞微讲堂，给我留言。

最后说说分享。

在本书的一开始，我就讲过，最好的学习方式就是去做分享，并且我还说，自己能够快速进步和成长，最重要的原因就是我一直坚持分享。因为只有我们分享出来的知识，才是我们真正掌握了的知识。

因此我自己每看完一本书，都会写读书笔记。把自己的收获、心得体会写出来，然后分享给身边的朋友。这让我在收获知识的同时，还收获了朋友的认可。朋友都觉得我是一个爱学习，并且乐于分享、帮助他人的人。

所以，最后一天的作业，就是让大家去总结本书中所有的内容，并且用你自己的语言表达出来。这个作业，也希望大家能够认真地去完成。完成之后，你可能会惊奇地发现，原来自己有这么大的收获。

【第二十四天作业】

（1）坚持记账和储蓄；

（2）写一篇800字以上的读书笔记。可以写你学习到了哪些知识，有哪些收获，学习中印象最深刻的是什么，有什么心得体会，等等。

本 篇 总 结

　　本书的第三部分讲的是理财投资实操。这部分是我们学习理财的难点，从我们训练营的反馈来看，这部分内容较多，且理解难度偏大，需要多次反复学习。因此，在这里，再次总结，帮助大家更好地吸收。

　　首先预留足够的灵活资金，建议是 3~6 个月的日常生活开支。对收入稳定的人来说，预留 3 个月的就可以，对收入不稳定的人建议多留一些，最好预留 6 个月的生活开支。同时还需要我们合理地使用信用卡的免息期，如果有大额开支，最好在信用卡账单日后几天去刷卡。另外要合理地使用货币基金，我们平时不用的钱，都可以放在货币基金中，在需要用钱的时候再转出来，或者直接用存入货币基金的资金来还信用卡。这样既保证自己有钱花，又能让这部分资金有一些收益。

　　接下来，讲到了如何构建家庭保障体系。讲到了保险的总体配置思路，就是尽量配置纯保障型产品，花最少的钱，买到足够的保额。不要在保险上花费太多的资金。然后在此基础之上，分别讲了如何给老人买保险，如何给孩子买保险，以及如何给自己买保险。

　　无论是大人还是小孩，都可以参考重疾保险、寿险、医疗保险、意外保险的组合。通常来说，重疾保险的保费是最高的，而且不同的产品保障差不多，但是保费可能会相差很大。所以，我们需要多对比几家公司的产品，要比较保障疾病种类、赔付次数、赔付比例以及保费。当然保险包含的内容非常多，我们作为消费者很难完全把所有的保险产品条款都搞懂，没有一定的时间是不可能做到的。所以更加适合我们的是学会找到专业人士。在掌握了大的配置思路和框架之后，找专业人士帮助我们来配置保险，以及提供后续的服务。

　　然后讲了养老金和孩子教育金的配置。二者比较相似，都是需要提前很长的时间去准备的，所以放在一起进行讲解。让大家去计算的自己的养老金缺口，其实数额是巨大的，需要我们提前做准备。我给大家分享了自己的养老金准备选择的工具，也就是指数基金定投、核心地段的房子。通过构建一个组合来说明准备养老金不能靠单一的工具。

指数基金定投是本书的一个重点，也是一个难点。所以我们用了一些篇幅做了详细的讲解。从指数的介绍，到怎么选择指数、怎么投资，投资的注意事项以及大家可能会遇到的问题，都讲到了。

指数基金的定投，分为如下几步：首先选择低估的指数，其次选择跟踪这个指数的指数基金，然后根据自己的情况制定定投计划，最后坚持定投，坚持长期投资。对于这部分内容，大家要真正掌握，至少需要经历一波完整的牛熊转换。如果没有经历过，即使我给大家讲得再清晰，那么大家在实际投资的时候，也还是会懵。

主动管理型基金的投资与指数基金完全不同。指数基金是被动的投资方式，只需要跟踪对应的指数走势就可以，所以我们投资指数基金，主要选择好指数就可以了，但是主动管理型基金不同，其主要靠基金公司和基金经理的投资能力，所以我们在选择主动管理型基金的时候，主要看基金经理和基金公司的历史业绩。

虽然历史不代表未来，但是一个"优等生"下一次考出好成绩的概率要比"差生"高。这部分内容还讲到，如何通过晨星基金网站来选择那些历史表现优秀的基金，并且让大家去选择3只优秀的主动管理型基金。通过这样的实操，相信大家能够掌握主动管理型基金的选择方法。

另外，需要注意的是，指数基金有指数基金的选择方式，主动管理型基金有主动管理型基金的选择方式，大家千万不要用选择指数基金的方式来选择主动管理型基金，也不要用主动管理型基金的选择方式来选择指数基金。

封闭式基金是一种特殊的基金。它在封闭期内是不能去找基金公司申购赎回的。但是我们可以在二级市场（股票市场）去买其他投资者手中的封闭式基金份额，而且通常这些封闭式基金会有一定的折价。

我们通过集思录这个网站来查询那些折价率高的封闭基金，并且通常的封闭式基金都是主动管理型的，所以我们还要结合前面主动管理型基金的挑选方法，选择折价率高的，基金经理历史业绩优秀的封闭式基金进行投资。最好在大家都不关注股市，或者股市出现剧烈下跌的时候去投资，在大家都谈论股市的时候卖出。

可转债是一个非常不错的投资工具。建议大家做可转债的打新，可以发动家人多准备一些股票账户来进行可转债新债的申购。在申购之前，我们可以通过东方财富网站来查看即将开始申购的可转债，最好选择溢价率为负数的可转债进行申购。

另外，对于已经上市的可转债，我建议在价格在 100 元以下的时候进行买入，并且最好把资金分散在多只可转债中，分散风险。不仅如此，还要学会判断可转债市场，最好在可转债市场低迷的时候，也就是在大量的可转债价格在 100 元以下的时候去投资。如果发现市场上只有很少的可转债价格在 100 元以下，那么说明可转债市场比较火爆，这时最好观望。在具体操作上，也是通过集思录这个网站来进行筛选的。

最后讲了我自己的理财实操，我用 5 年的实践告诉大家，理财不是骗人的，坚持理财可以让我们的日子越过越好。也希望我自己的这些实践经验，能够真正地帮助到大家。

另外，大家需要注意，在本书的最后几天我们讲到各种理财软件和网站的实操，但这些软件和网站不是一成不变的，后期可能会有升级和调整。这些软件和网站升级之后，我们使用和查询的方式可能会有一些细微的差异。大家在阅读本书并进行实操的过程中，如果发现有问题，不能去实操，那么可以到我的微信公众号（胡瑞微讲堂）后台给我留言，我会把最新的实操方法告诉大家。

后 记

在本书定稿的那一刻，我心里的一块石头终于落地了。或许在你看来，这本书很普通，但是对我来说，却有着非常特殊的意义。曾经我感到迷茫，那时我不停地问自己，我这一生到底要做些什么？我的人生的意义又是什么？后来我开始写作，在写作的过程中，我慢慢明白自己所想要的，那就是能够为这个世界贡献一份自己的力量，我希望当自己离开这个世界的时候，世界会因有我的存在而变得好了一点点。

想要做到这一点，需要我不断提升自己的能力，通过帮助更多的人，来为社会创造更大的价值。写作就是一个很好的方式，它可以记录自己的知识、经验和思考。不仅如此，通过写作还可以影响和帮助更多的人。

因此，在很早之前，我就有出书的想法和目标。曾经我多次尝试投稿，但是均被出版社拒绝。不过被拒绝之后我没有放弃，依然在不断地积累，经过 5 年时间的积累和沉淀，才终于有机会让我出版这本书。其实在这之前，我还曾想过，如果这次还不能出版，我就再坚持 5 年或者 10 年。

在坚持写作的这 5 年时间里，有很多朋友都给了我帮助。比如在保险公司的同事：钱发红女士、何丽萍女士、谭飞先生。他们在保险方面、为人处世方面都教会了我很多。如果没有他们，那么我对保险的认识，不会有现在这么深刻。

后来我到了第三方财富管理公司。我的同事陈洁源女士、吕雪侠先生、陈瑶先生、马双军先生、李文韬先生、蒲昌丽女士，他们在整个家庭的财富管理方面，给了我很大的帮助。在他们的帮助下，让我对整个家庭的理财和各种理财工具都有了更加全面的认识。

再后来，我来到证券公司。我的同事牛旭先生、胡秋果先生、干李琴女士、李娇娇女士，他们在证券投资方面，给了我很多的帮助和支持。

还有我们训练营的老学员们，感谢你们对我的信任，我们并没有见过面，很多学员刚加微信，就转账报名学习。还要感谢你们在学习过程中提出的各种问题和建议，帮助我不断地优化我们训练营的内容。还有我们训练营的助教老师：李珊、张勇、袁霞、冉冉、琴子，感谢你们的协助和付出。有了你们的付出，我们训练营才能得到这么多学员的认可。

　　最后，我还要感谢我的家人。书中的一些图片，是我妻子帮我制作的，所以本书能够顺利出版，也有她的一份功劳。不仅如此，过去的这些年，她是最支持我写作的人，即使在最开始的时候没有任何收入，她也一直支持我。我的父母、岳父母，在生活上给了我很大的支持。正是有了你们的支持，才让我有时间专心写作。

读 者 意 见 反 馈 表

亲爱的读者：

感谢您对中国铁道出版社有限公司的支持，您的建议是我们不断改进工作的信息来源，您的需求是我们不断开拓创新的基础。为了更好地服务读者，出版更多的精品图书，希望您能在百忙之中抽出时间填写这份意见反馈表发给我们。随书纸制表格请在填好后剪下寄到：北京市西城区右安门西街8号中国铁道出版社有限公司大众出版中心 张亚慧 收（邮编：100054）。或者采用传真（010-63549458）方式发送。此外，读者也可以直接通过电子邮件把意见反馈给我们，E-mail地址是：lampard@vip.163.com。我们将选出意见中肯的热心读者，赠送本社的其他图书作为奖励。同时，我们将充分考虑您的意见和建议，并尽可能地给您满意的答复。谢谢！

- -

所购书名：_____

个人资料：

姓名：_____ 性别：_____ 年龄：_____ 文化程度：_____

职业：_____ 电话：_____ E-mail：_____

通信地址：_____ 邮编：_____

- -

您是如何得知本书的：

□书店宣传 □网络宣传 □展会促销 □出版社图书目录 □老师指定 □杂志、报纸等的介绍 □别人推荐
□其他（请指明）_____

您从何处得到本书的：

□书店 □邮购 □商场、超市等卖场 □图书销售的网站 □培训学校 □其他

影响您购买本书的因素（可多选）：

□内容实用 □价格合理 □装帧设计精美 □带多媒体教学光盘 □优惠促销 □书评广告 □出版社知名度
□作者名气 □工作、生活和学习的需要 □其他

您对本书封面设计的满意程度：

□很满意 □比较满意 □一般 □不满意 □改进建议

您对本书的总体满意程度：

从文字的角度 □很满意 □比较满意 □一般 □不满意
从技术的角度 □很满意 □比较满意 □一般 □不满意

您希望书中图的比例是多少：

□少量的图片辅以大量的文字 □图文比例相当 □大量的图片辅以少量的文字

您希望本书的定价是多少：

本书最令您满意的是：

1.
2.

您在使用本书时遇到哪些困难：

1.
2.

您希望本书在哪些方面进行改进：

1.
2.

您需要购买哪些方面的图书？对我社现有图书有什么好的建议？

您更喜欢阅读哪些类型和层次的理财类书籍（可多选）？

□入门类 □精通类 □综合类 □问答类 □图解类 □查询手册类

您在学习计算机的过程中有什么困难？

您的其他要求：